AF321843

THÈSE

POUR LE DOCTORAT.

L'acte public sur les matières ci-après sera soutenu le samedi
27 janvier 1844, à 8 heures 1|2,

PAR CHARLES J. G. DE SAINT-GRESSE,

Avocat,

Né à Auch (Gers).

PRÉSIDENT,	M. PELLAT,	Professeur.
SUFFRAGANTS, {	MM. VALETTE, ORTOLAN, PEREYVE, }	Professeurs.
	BONNIER,	Suppléant.

PARIS,

IMPRIMERIE DE J. BELIN-LEPRIEUR FILS,

RUE DE LA MONNAIE, 11.

1844.

TITRE V.

DU CONTRAT DE MARIAGE ET DES DROITS RESPECTIFS DES ÉPOUX.

(1387-1496. — Première partie. *Communauté légale.*)

On peut définir le contrat de mariage l'ensemble des conventions faites en vue d'un futur mariage, et ayant principalement pour but de régler l'association conjugale, quant aux biens. Le règlement de l'association conjugale est laissé au libre arbitre des contractants. « Point d'inutiles entraves, dit le conseiller d'état Berlier dans l'Exposé des Motifs; car si la volonté doit essentiellement présider aux contrats, c'est surtout lorsqu'il s'agit de conventions matrimoniales. » Et plus loin : « Que la plus grande liberté y préside donc et qu'elle n'ait d'autres limites que celles que lui assignent les bonnes mœurs et l'ordre public. » La théorie sociale et économique des rédacteurs du Code, c'est de donner la plus grande extension à la liberté civile. Cette doctrine a marqué d'une empreinte visible la théorie des contrats où la volonté individuelle est souveraine, et où la rescision pour lésion n'est admise que dans des cas rares et exceptionnels, la définition du droit de propriété, la faculté de tester et de donner, et nulle part elle ne s'est manifestée avec plus d'évidence que dans le titre V du Code, où sont exposés parallèlement le régime de la communauté avec toutes les modifications qui existaient dans les Coutumes, et le régime dotal. Les époux peuvent choisir un de ces régimes, ils peuvent même créer

1.

une combinaison nouvelle, et cette liberté du choix n'a d'autres limites que les mœurs et l'ordre public. Il y a même des conventions qu'on ne peut pas faire en droit commun, mais qu'on peut faire par contrat de mariage (Voir les art. 947, 1082, 1086, 1401 qui permettent de pactiser sur une succession future ; 1526, 1095 et 1598). Mais d'autre part, certaines dispositions restrictives de la libre convention se trouvent exprimées dans les art. 1388, 1389. Du reste, ces restrictions ne sont pas spéciales au contrat de mariage. Autres dispositions prohibitives (art. 1390, 1395, 1099, 1599, 1443, 1455, 1483 et 1521.)

QUAND ET COMMENT DOIVENT SE FAIRE LES CONVENTIONS
MATRIMONIALES ?

Le contrat de mariage doit être fait avant la célébration du mariage. Il ne peut après cette époque recevoir aucun changement qui ait effet à l'égard des tiers, et qui ait entre les époux la force d'un contrat ordinaire. Je pense qu'il ne vaudrait pas même comme donation entre époux déguisée. (Art. 1394, 1395, 1451, 1099, 1595, 1405 et 1521.)

Le contrat de mariage doit, à peine de nullité, être rédigé par acte notarié revêtu des formalités prescrites par la loi sur le notariat, nonobstant les mots, *par acte devant notaire*, de l'art. 1594. (Voir art. 1092, 1081, 951.)

Le contrat de mariage d'un époux commerçant doit être rendu public de la manière indiquée aux art. 67 et suivants du Code commercial. Toutefois, l'absence de cette publicité n'amène pas comme conséquence la nullité des conventions matrimoniales ; seulement les art. 68 et 69 contiennent une sanction de ces dispositions, et contre le notaire, et contre l'époux failli.

Si les parties veulent faire des changements au contrat de mariage avant la célébration du mariage, pour que ces changements aient effet même entre les époux, il faut qu'ils soient constatés dans la même forme que le contrat de mariage, et que toutes les personnes qui ont été parties au contrat de mariage interviennent dans l'acte destiné à constater ces changements, et y donnent leur consentement simultané. Il ne suffirait pas que toutes ces personnes eussent donné leur consentement, il faut qu'il y ait eu réunion, délibération, cela offre plus de garanties. On doit entendre par le mot *parties* de l'art. 1596, 1° les futurs époux, 2° les donateurs, 3° les personnes dont le consentement est nécessaire pour le mariage ou qui peuvent y former opposition. On ne doit pas regarder comme parties ceux qui n'ont assisté au contrat que *honoris causâ*. Lorsqu'une des parties ne se présente pas, la modification est impossible; il faut alors refaire un autre contrat sur des bases entièrement nouvelles; en déclarant nulles toutes les contre-lettres qui n'auront pas été faites sous l'empire des conditions précitées, il faut entendre non seulement celles qui interviennent entre les futurs conjoints, mais pareillement celles qui interviennent entre l'un des futurs conjoints et quelqu'une des personnes qui ont été parties au contrat. Si le futur, auquel son père avait promis une certaine somme en dot, lui promettait, par un acte passé hors de la présence de sa femme et des principaux parents de sa femme, de ne pas exiger cette somme de son vivant, cet acte serait nul, comme étant une contre-lettre au contrat de mariage.

Les changements ou contre-lettres revêtus des formes voulues doivent aussi, pour valoir à l'égard des tiers, être rédigés à la suite de la minute du contrat de mariage. Le notaire dépositaire de la minute doit, lorsqu'il délivre une grosse ou une expédition, transcrire à la suite le changement ou la contre-lettre, faute de quoi, il est responsable à l'égard des tiers, et il faut entendre ici par tiers les parties lésées qui ont traité avec les époux sur la foi d'une expédition incomplète.

La capacité de se marier n'implique point la capacité de disposer de ses biens par contrat de mariage. Les faibles d'esprit et les prodigues peuvent se marier, mais s'ils ont contracté sans l'assistance du conseil judiciaire, ils seront mariés sous le régime de la communauté légale, et les conventions particulières qu'ils auraient faites, ameublissement des immeubles, donations, etc., seraient frappées de nullité. La règle *habilis ad nuptias, habilis ad matrimonis consequentias* ne s'applique qu'au mineur qui peut, avec l'assistance des personnes dont le consentement est requis pour la validité du mariage, faire par contrat de mariage toutes les conventions et toutes les dispositions qu'un majeur est autorisé à faire en pareil cas, sauf que la femme mineure ne peut, quoique dûment autorisée, consentir la restriction de l'hypothèque que la loi lui donne sur les biens de son futur mari.

Il n'est pas absolument nécessaire que le conseil de famille se transporte tout entier dans l'étude du notaire, mais il faudrait au moins qu'un projet détaillé des conventions eût été soumis aux membres du conseil et approuvé par eux.

Si le mineur n'a pas été assisté, ainsi qu'il est dit ci-dessus, les conventions sont nulles.

DE LA COMMUNAUTÉ LÉGALE.

La communauté entre conjoints par mariage est une espèce de société de biens, dit Pothier, qu'un homme et une femme contractent quand ils se marient. Mais cette société est exorbitante des sociétés ordinaires. Le but qu'on se propose en formant une société, c'est le bénéfice ; le but principal de la communauté c'est de resserrer l'union conjugale. Cette idée que le bénéfice est le but positif et matériel de la société, entraîne les conséquences suivantes : 1° L'un des associés ne peut pas stipuler la totalité des bénéfices ; 2° on ne peut pas affranchir la mise de l'un des associés de toute participation aux dettes. Ces deux conventions sont licites dans le contrat de communauté (1525 et 1514).

1° La femme est durant le mariage copropriétaire de tout ce qui compose le fonds commun : On s'appuie à tort sur un passage de Dumoulin et sur l'opinion de Pothier, qui appelle le droit de la femme commune un droit informe pour soutenir le contraire ; le principe du seigneur et maître, aboli par l'art. 1422, et les termes formels du Code, *la communauté commence, la communauté se dissout*, ne laissent plus de doute sur ce point ; il résulte d'ailleurs d'un passage du discours du tribun Duveyrier, au Tribunat, que la communauté commence du jour du mariage : il critique l'opinion de Dumoulin et les Coutumes qui ne faisaient commencer la communauté qu'au bout de l'an et jour. Les droits du mari sont beaucoup plus étendus que ceux de la femme.

mais aussi ses obligations sont plus grandes. La loi accorde à la femme certains bénéfices qui ont pour but de la protéger contre les pouvoirs accordés au mari.

Bien que la communauté légale s'établisse de plein droit par le mariage, ce n'est pas néanmoins la loi qui en est la cause immédiate. « Elle n'est pas formée, dit Dumoulin, *vi ipsius consuetudinis immediate et in se.* » La cause immédiate qui produit cette communauté est une convention tacite. C'est pourquoi Dumoulin et Pothier pensaient que la disposition des Coutumes qui admettaient une communauté de plein droit entre homme et femme, n'était pas un statut réel qui avait pour objet immédiat les biens qui devaient entrer en communauté, mais bien un statut personnel qui imprimait une certaine direction à l'association conjugale, quant aux biens.

La question de la réalité des statuts qui embarrassait autrefois les jurisconsultes et qui mettait dans tout mariage le germe d'un procès, est aujourd'hui heureusement disparue.

Les auteurs et la jurisprudence sont unanimes pour reconnaître à la loi du domicile du mari, au moment du mariage, l'effet de régir l'association conjugale, quant aux biens, à défaut de stipulation expresse. Ainsi, l'étranger *domicilié* en France se trouve marié sous le régime de la communauté légale, mais nous ne déciderons pas la même chose pour l'étranger qui ne jouit pas des droits civils.

La communauté, sauf l'application des principes relatifs au mariage putatif, ne peut commencer qu'à la suite d'un mariage valable. L'intérêt des tiers et la prohibition de donations irrévocables entre époux, s'opposent à ce que la communauté commence pendant le mariage ; elle se forme *au moment* de la célébration du mariage. La communauté commence du jour des épousailles et bénédiction nuptiale, dit la nouvelle Coutume de Paris, art. 220.

DE L'ACTIF DE LA COMMUNAUTÉ.

Pothier dit, § 26 : « La Coutume, en disant qu'homme et femme sont uns et communs en meubles, comprend, sous la généralité de ces termes *en meubles*; tous les meubles de chacun des conjoints, de quelque espèce qu'ils soient, non seulement les meubles corporels, mais pareillement les meubles incorporels. » Et plus loin : « L'actif mobilier doit donc pareillement entrer dans la communauté, soit qu'il soit d'avant, soit qu'il soit depuis le mariage. » Pour confirmer cette théorie, il s'appuie sur l'art. 186 de la Coutume d'Orléans, « homme et femme sont uns et communs en biens, meubles, dettes actives et passives, *faits tant auparavant leur mariage que durant icelui.* » Il résulte de la discussion du Conseil-d'état que l'on a entendu reproduire la disposition de la Coutume de Paris et d'Orléans et l'opinion formelle de Pothier, qui faisaient entrer tout le patrimoine et mobilier des époux dans la communauté. C'est ainsi qu'il faut entendre le 1° de 1401. Je ne veux pas énumérer tous les meubles qui composent la communauté ; il me suffira d'indiquer ceux sur lesquels il y a controverse. Tombent dans la communauté les droits de bail appartenant à l'un des époux, sur des biens pris à ferme avant le mariage, la valeur vénale d'un office, la propriété des compositions littéraires ou scientifiques antérieures au mariage, tous les meubles acquis par occupation, invention et accession, la moitié du trésor trouvé pendant le mariage par l'un des époux sur le fonds d'un tiers, le trésor entier, s'il est trouvé par l'un des époux sur son propre fonds, le prix encore dû des immeubles aliénés par l'un des époux antérieurement au mariage, mais non le prix provenant de l'aliénation d'un immeuble faite entre le contrat et la célébration du mariage. La communauté est usufruitière de tous les biens propres des époux. Cet usufruit est réglé par les principes ordinaires, sauf quelques modifications ; ainsi, si la communauté n'a pas perçu certains fruits, qu'elle aurait dû percevoir pendant sa durée, il lui est dû récompense par l'époux propriétaire du propre.

Les art. 600 et 601 ne sont pas applicables ici (voir 1550); mais je crois qu'il faut appliquer l'art. 585 à l'époque de la dissolution de la communauté, nonobstant le principe que les époux ne doivent pas s'enrichir aux dépens de la communauté.

La règle que le mobilier présent et futur tombe dans la communauté doit se combiner de la manière suivante avec le principe du partage déclaratif. D'abord, quant aux créances, elles sont sous l'empire de l'art. 1220. Si la succession est purement immobilière, la créance d'une somme d'argent due à l'un des conjoints pour retour de partage, cette créance, bien que mobilière, n'entre dans la communauté que sauf récompense, étant provenue du droit qu'avait le conjoint à une succession immobilière qui est un droit immobilier. Cette créance est la représentation d'un droit immobilier indéterminé. Si la succession était mobilière et immobilière, il faudrait appliquer purement et simplement les principes du partage déclaratif. C'est l'opinion de Lebrun et Pothier. Cette raison historique et l'absence de toute opinion contraire dans la discussion du Conseil-d'état nous paraissent décisives.

EXCEPTIONS AU PRINCIPE QUE TOUS LES MEUBLES TOMBENT DANS LA COMMUNAUTÉ.

1° Les effets mobiliers donnés ou légués avant ou pendant le mariage avec la clause qu'ils resteront propres au donataire. cette clause devrait-elle produire son effet, même quant à la réserve? Oui, si elle est faite par contrat de mariage; non, si elle est faite pendant le mariage, car elle tromperait les attentes légitimes des époux. La communauté est cessionnaire des droits successifs des époux; elle a acquis, par une investiture anticipée, la réserve;

2° Les rentes ou pensions viagères constituées par un tiers à titre d'aliment, au profit de l'un des conjoints;

3° Les pensions de retraite;

4° Les meubles qui proviennent d'un propre sans en être des fruits;

5° Le supplément du juste prix que paierait, par suite d'une action en rescision pour cause de lésion l'acquéreur d'un immeuble propre à l'un des conjoints, soit que cet immeuble ait été vendu avant ou pendant le mariage. La raison décisive, c'est que le supplément du juste prix n'est pas *in obligatione*, mais *in facultate solutionis*.

Pothier, n° 168 de la *Communauté*, pose la règle suivante :
« Les héritages ou autres immeubles donnés à l'un ou à l'autre
des conjoints, entre vifs ou par testament, sont conquêts de leur
communauté légale, sauf dans trois cas : 1° lorsque les donations précèdent le temps du mariage, quoiqu'elles soient faites
en faveur du mariage et par le contrat de mariage. C'est qu'alors,
au moment où l'individu se marie, l'immeuble a déjà revêtu la
nature de propre ; 2° lorsqu'elles sont des avancements de succession ou actes qui en tiennent lieu ; 3° lorsqu'elles sont faites
à la charge que les choses données seront propres au donataire. » Il résulte clairement de ce passage que le principal obstacle, au temps de Pothier, à la communauté universelle était
la théorie des propres. Or cette théorie étant abolie par le Code,
et avant le Code, le domaine de la communauté ayant été considérablement agrandi par la compréhension plus grande donnée
au mot *meubles*, il faut *à priori* affirmer en s'appuyant d'ailleurs
sur la lettre de 1401 ; 4° que tout immeuble acquis pendant le
mariage tombe dans la communauté, à moins qu'on ne rencontre
un argument littéral qui fasse fléchir ce principe. De ce point de
vue, nous résolvons par l'affirmative la question controversée
de savoir si l'immeuble donné conjointement aux deux époux
tombe dans la communauté. Mais nous n'oserions pas aller jusqu'à soutenir qu'il faudrait décider de même si la donation était
faite par un ascendant au profit d'un descendant et de son conjoint ; nous sommes arrêtés par un *à fortiori* de 1406, qui nous
semble absolument décisif. Quant à l'art. 1406, qui est une
tradition de l'ancien droit et la reproduction du n° 159 de
Pothier, intitulé : *Raccommodements de famille*, nous croyons
qu'il n'est pas en harmonie avec notre législation, et qu'il faut
le renfermer dans ses limites littérales.

Tout droit réel sur un immeuble, lorsqu'il aura une origine
antérieure au mariage, ne tombera pas dans la communauté ;
mais les époux devront prouver cette antériorité du droit, car la
présomption est que tous les immeubles sont conquêts.

On classe dans la catégorie des propres tous les immeubles
que l'un des époux a acquis en vertu d'une action immobilière

qui lui compétait avant le mariage. Telles sont les actions en résolution, en nullité ou en rescision. Nous décidons de même pour l'action résolutoire tacite de 1184. Il sera dû récompense à la communauté pour la créance qui était tombée dans son sein ; mais l'immeuble rentrant par l'effet de la condition résolutoire restera propre à l'époux : c'est là un effet nécessaire de la résolution qui anéantit tout ce qui a existé auparavant.

Pothier (n° 170 de la *Communauté*) décide que si la donation a été faite aux deux futurs conjoints par un acte antérieur au mariage, l'héritage ne sera pas pour cela conquêt, mais il sera propre de communauté pour moitié de chacun des conjoints. Lorsque l'un des futurs est un des enfants ou descendants du donateur, ou même son héritier présomptif en ligne collatérale, le donateur est présumé n'avoir entendu faire sa donation qu'à lui, et ne s'être servi de ces termes *aux futurs époux*, que par rapport à la jouissance de l'héritage, qui devait être commune aux futurs pendant leur communauté. Nous adoptons cette double décision de Pothier.

Quand même le titre d'acquisition qui aurait précédé le mariage aurait été d'abord invalide et sujet à rescision, et n'aurait été confirmé que pendant le mariage, l'immeuble resterait propre ; la transaction et la ratification intervenues pendant le mariage laissent à l'immeuble le caractère de propre. Divers exemples qui se trouvent dans Pothier, n°° 160 et 165, nous semblent contenir la doctrine suivante : Toutes les fois que l'acte fait par l'époux aura le caractère d'une transaction, d'un arrangement, la possession de l'immeuble avant le mariage le lui a rendu propre ; mais ce sera un conquêt de communauté, lorsque cet acte sera un véritable acte d'acquisition, qualifié vente ou autrement, n'importe, car c'est aux choses qu'il faut s'attacher et non aux dénominations.

La possession de l'immeuble antérieure au mariage équivaut, pour déterminer le caractère de propre, à un véritable titre de propriété, pourvu que cette possession soit propre à conduire à l'unicapion, alors même qu'il n'y aurait pas encore possession annale.

Mais les immeubles acquis dans l'intervalle du contrat de mariage à la célébration du mariage, doivent entrer dans la communauté ; de même, la somme provenant de l'aliénation d'un immeuble faite à la même époque restera propre, parce que les époux ne peuvent pas changer les conventions matrimoniales sans le consentement de tous ceux qui ont participé au contrat.

Les immeubles acquis pendant le mariage à titre de succession, de donation ou legs, ne tombent pas dans la communauté, sauf l'exception ci-dessus pour le cas où l'immeuble a été donné conjointement aux deux époux.

Les immeubles, quoique acquis durant la communauté, sont propres de communauté par la fiction de la subrogation, lorsqu'ils ont été acquis à la place d'un propre de communauté et pour en tenir lieu. « La fiction de subrogation est une fiction de droit, dit Pothier, par laquelle une chose que j'ai acquise à la place d'une autre que j'ai aliénée, prend la qualité de la chose aliénée à la place de laquelle elle est subrogée. » Pothier ajoute que la subrogation ne produit d'effet qu'à l'égard des qualités extrinsèques et non à l'égard des qualités intrinsèques, c'est-à-dire que des meubles donnés à la place d'immeubles conservent leur nature. S'il y a une soulte stipulée dans le contrat d'échange, et si elle est peu considérable, elle n'est qu'un accessoire du contrat et n'en doit pas changer la nature. Telle est l'opinion professée par d'Argentré, Dumoulin et Pothier. Si néanmoins le conjoint, dit Pothier, avait donné une somme de deniers égale à peu près à la valeur de l'héritage qu'il a donné en échange ou qui le surpassât, on ne pourrait se dispenser de considérer le contrat, comme un contrat mixte mêlé de vente et d'échange, et en conséquence l'immeuble serait considéré comme conquêt au prorata de la somme de deniers donnée pour l'acquérir, et propre de subrogation pour le surplus seulement.

La fiction de subrogation s'applique aussi aux immeubles acquis en remploi pendant le mariage, pourvu qu'ils aient été acquis avec déclaration que les deniers employés à l'acquisition provenaient du prix de la vente d'un héritage propre, ou lorsqu'il est dit que c'est pour tenir lieu de remploi du prix d'un héritage propre. Si le prix de la nouvelle acquisition excède la somme dont le remploi était dû, Pothier applique les mêmes principes qu'en cas d'échange pour déterminer si l'immeuble est propre à l'époux pour le tout, ou s'il est conquêt pour une fraction. La déclaration constitutive du remploi doit être faite dans l'acte d'acquisition, même lorsqu'il s'agit d'un remploi à faire dans l'intérêt de la femme ; la déclaration du mari n'a effet qu'autant qu'elle a été acceptée par cette dernière ; mais l'acceptation de la femme faite *ex inter vallo* n'a pas d'effet rétroactif à l'égard des tiers, et laisse subsister les droits que le mari peut avoir conférés.

L'acquisition faite par licitation ou à tout autre titre onéreux de portion d'un immeuble dont l'un des époux était copropriétaire par indivis, se règle d'après le principe que le partage est simplement déclaratif de propriété. Lorsque le mari s'est rendu acquéreur ou adjudicataire d'un immeuble dont la femme est copropriétaire, soit en son nom personnel, soit pour le compte de la communauté, le mari, d'après les règles ordinaires, devrait avoir acquis l'immeuble à la communauté (1404); mais l'article 1408 établit par une disposition formelle et non par simple présomption, que le mari n'a pas pu acquérir pour la communauté, si la femme ne le veut, et que cette dernière aura le choix, lors de la dissolution de la communauté d'abandonner l'immeuble à la communauté, ou de le prendre en entier, sauf récompenses.

Si la femme opte pour le retrait d'indivision, son option fait évanouir tous les droits réels que le mari a constitués, et même les actes d'aliénation, sans qu'on puisse opposer la prescription à la femme, parce que le mari est garant, et que l'action de la femme réfléchirait contre lui.

DU PASSIF DE LA COMMUNAUTÉ.

DES DETTES QUE LES CONJOINTS ONT CONTRACTÉES AVANT LEUR MARIAGE.

La communauté est chargée de toutes les dettes mobilières dont chacun des conjoints était débiteur au temps que s'est contracté le mariage. « Cela est conforme, dit Pothier, à un principe de notre ancien droit français, que les dettes mobilières d'une personne sont une charge de l'universalité de ses meubles. » Lors même que les dettes auront été contractées pour l'acquisition, l'amélioration, l'affranchissement d'un immeuble, elles conservent leur nature de meubles. Les difficultés qui peuvent surgir sur la question de savoir si une dette est mobilière ou immobilière doivent se résoudre par les principes généraux sur les meubles.

En général, la coutume, dit Pothier, en chargeant la communauté légale des dettes passives des conjoints, ne la charge que des dettes mobilières dont ils sont débiteurs personnels, et non de celles dont ils ne sont tenus qu'hypothécairement à cause de quelqu'un de leurs héritages qui y est hypothéqué. Pothier en donne deux exemples aux n°° 237 et 238 de la *Communauté*. Quant aux dettes mobilières de la femme, elles ne tombent dans la communauté qu'autant qu'elles ont une date certaine constatant leur antériorité au mariage, mais il est évidemment impossible d'appliquer cette règle aux quasi-contrats, aux délits, aux quasi-délits. Les dettes mobilières des conjoints, antérieures au mariage, donnent lieu à récompense dans les cas suivants : 1° Lorsqu'elles ont été contractées pour l'acquisition, l'amélioration, etc., d'un propre ; 2° lorsqu'elles sont attachées à une succession immobilière échue à l'un des époux avant le mariage ; 3° lorsqu'elles sont relatives à des objets mobiliers qui ont été réalisés.

Les créanciers des époux, pour créances mobilières antérieures au mariage, peuvent poursuivre la communauté, et la pleine propriété des biens de l'époux personnellement débiteur, mais si les créanciers de la femme n'ont pas date certaine antérieure au mariage, ils ne peuvent poursuivre que la nue-propriété des immeubles propres de la femme.

DES DETTES DES SUCCESSIONS QUI ÉCHOIENT A L'UN OU A L'AUTRE
DES CONJOINTS PENDANT LA COMMUNAUTÉ.

Le passif de la communauté comprend les dettes et charges

mobilières et immobilières dont se trouvent grevées les successions ou donations mobilières qui échoient ou qui sont faites à l'un des époux pendant le mariage. Si la succession est en partie mobilière et en partie immobilière, les dettes dont elle est grevée ne sont à la charge de la communauté que jusqu'à concurrence de la portion pour laquelle le mobilier doit y contribuer, eu égard à sa valeur comparée à celle des immeubles.

Pour déterminer les effets de l'acceptation d'une succession, il faut distinguer si elle est mobilière, ou immobilière, ou composée de meubles et d'immeubles, si elle est dévolue au mari ou à la femme, et au dernier cas, si elle a été acceptée par la femme avec l'autorisation de justice ou avec celle du mari.

DETTES CONTRACTÉES PENDANT LE MARIAGE.

En général le passif de la communauté comprend les dettes contractées pendant le mariage, soit par le mari, soit par la femme avec l'autorisation du mari.

AUTRES CHARGES DE LA COMMUNAUTÉ.

Le passif de la communauté se compose aussi des intérêts et arrérages échus pendant le mariage des dettes personnelles aux deux époux et qui ne sont pas tombées dans la communauté, telles que les dettes immobilières et les dettes qui grèvent les successions immobilières échues *pendant le mariage*, des charges usufructuaires des biens propres des époux, de diverses dépenses relatives au ménage, à l'entretien des époux, des dettes qui sont nées d'une *versio in rem*, enfin des frais d'apposition de scellés, d'inventaire, et des frais de partage et de liquidation de la masse commune.

DE L'ADMINISTRATION DE LA COMMUNAUTÉ.

Le droit du mari sur les biens de la communauté, dit Pothier, est renfermé dans les deux axiomes suivants :

Premier axiome. « Le mari, comme chef de la communauté,

est réputé seul seigneur des biens de la communauté tant qu'elle dure, et il en peut disposer à son gré sans le consentement de sa femme. »

Second axiome. « Ces dispositions néanmoins ne sont valables qu'autant qu'elles ne paraissent pas faites en fraude de la part que la femme et les héritiers de la femme ont droit d'y avoir, lors de la dissolution de la communauté ; il ne peut surtout s'en avantager ni ses héritiers au préjudice de cette part. »

Pothier développe ensuite ces deux axiomes. La seule limite apposée au tems de Pothier, au principe du seigneur et maître, se trouve dans le second axiome : la société alors est *in habitu* plutôt qu'*in actu*, et le mari est réputé seul seigneur, pendant qu'elle dure, des biens dont elle est composée. Le mot de seigneur et maître a disparu du Code ; le mari n'est aujourd'hui qu'un administrateur avec des pouvoirs très étendus. Le pouvoir de disposer à titre gratuit, qui, déjà au temps de Pothier, avait reçu certaines restrictions, a été renfermé dans des bornes encore plus étroites. Pothier admettait avec la Coutume de Poitou, art. 244, « que le mari peut donner les meubles et conquêts de la communauté, pourvu que ce ne soit en fraude, aussi que ce ne soit *par contrat général* d'aliénation de tous ses biens ; car, en ce cas, la femme pourrait demander la moitié, et ne vaudrait ledit transport *universel* que de ce qui était au mari. « La Coutume de Saintonge décide de même. C'est là qu'est le germe de l'art. 1422, qui va plus loin en ne permettant pas de disposer des immeubles à titre particulier, ni d'une quotité du mobilier. Quant à la défense faite au mari de se réserver l'usufruit des choses qu'il donne, les rédacteurs du Code ont consacré l'opinion de Lebrun qui était combattue par Pothier sur ce point spécial. Quelques vestiges de l'ancien principe du seigneur et maître se retrouvent dans le Code qui a été calqué sur le *Traité de la Communauté* de Pothier ; mais il est important de remarquer pour les solutions de détail que le principe du seigneur et maître déjà considérablement affaibli et transformé à l'époque où écrivait Pothier, a été aboli. La femme est co-propriétaire du mari. La maxime du Seigneur et maître qui se liait au système féodal, et qui était une tradition de l'ancien *mundium* germanique, n'a plus aucune raison d'existence. Les pouvoirs absolus et exclusifs du mari s'expliquent par cette considération que la femme ne pourrait être admise à critiquer les actes du mari sans détruire l'unité de gouvernement et de direction sur laquelle repose la société conjugale. Le mari n'est pas supérieur à la femme, car le christianisme leur reconnaît à tous les deux une âme immortelle et la capacité du bien et du mal; seulement ils remplissent dans la vie de famille des fonctions dissemblables. Si la femme pouvait opposer sa volonté à celle du mari dans les affaires civiles qui intéressent la communauté, cet antagonisme serait fatal, et ces deux volontés se neutraliseraient. Il fallait donc arriver à l'unité de pouvoir et d'action. Vouée aux devoirs de la maternité, la femme laisse au mari, représentant des intérêts matrimoniaux, une haute surveillance qui va jusqu'à la dépouiller elle-même pendant le mariage de l'exercice de sa capacité civile, parce que tous les actes accomplis pendant l'union conjugale doivent converger vers le même but, et émaner d'une seule pensée. La puissance maritale dans le milieu social et intellectuel où nous vivons doit s'expliquer et se légitimer ainsi, et non par des idées d'infériorité de nature démenties par la religion chrétienne qui a réhabilité et émancipé la femme, tout en maintenant sévèrement les liens et les obligations de la famille. La femme germaine était placée sous le *mundium* du mari, ou sous le *mundium* d'un de ses proches; elle était toujours possédée, dominée : sous l'influence de notre civilisation, on est arrivé à reconnaître que si elle est veuve ou fille, la femme a une capacité civile complète, et que, pour emprunter les expressions de M. Portalis, « l'obéissance de la femme n'est qu'une suite nécessaire de la société conjugale, qui ne pourrait subsister si l'un des époux n'était subordonné à l'autre. » En résumé, je n'admets pas : 1° que l'incapacité de la femme ait sa raison d'être dans une infériorité essentielle; 2° ni que la puissance maritale ait sa raison d'être dans une supériorité essentielle. Ces points culminants entraînent certaines conséquences, c'est pourquoi il nous a semblé utile de présenter notre opinion sur ces points difficiles.

En tirant des corollaires rigoureux des principes que je viens de poser, on arrive à cette conclusion, que le pouvoir du mari sur la communauté doit être aussi étendu qu'il importe à son crédit, et que toute entrave qui pourrait arrêter le développement de la communauté doit être supprimée. De ce point de vue, on ne devrait pas accorder au mari le pouvoir de donner les biens communs, ni d'obliger la communauté par des délits ou des quasi-délits. Mais pour que le crédit du mari soit complet, il faut qu'il puisse obliger la communauté toutes les fois que les délits et quasi-délits sont commis à la suite d'un contrat préexistant. En partant au contraire de l'idée du seigneur et maître, on mettait autrefois à la charge de la communauté toutes les dettes que le mari avait contractées, soit qu'elle en profitât ou non, et toutes celles qui résultaient d'un délit ou d'un quasi-délit (Pothier, n° 248). On décidait seulement que les amendes résultant d'un jugement de condamnation qui entraînait la mort civile ne tombaient pas dans la communauté, parce qu'on ne peut pas dire que la dette de cette amende ait été contractée durant la communauté, puisque le jugement qui prononce l'amende et qui fait naître la dette dissout simultanément la communauté. Quant à la dette de la réparation civile, ce n'est pas le jugement de condamnation qui l'a fait naître, il ne fait que la liquider ; elle a donc été contractée pendant la communauté : cependant Pothier décide qu'elle ne tombe pas dans la communauté, mais au point de vue du seigneur et maître, cela était illogique et prouve que déjà le pouvoir du mari avait reçu des modifications. Aujourd'hui que l'article 1422 pose le bases d'une théorie générale en transformant le mari en un simple administrateur, ainsi que Pothier, n° 472, le qualifie dans les Coutumes où il n'avait pas le pouvoir de donner, je serais tenté de conclure à *priori* que la communauté n'est pas tenue des délits et quasi-délits du mari, et de soutenir cette opinion par un argument *a contrario* tiré de 1424, qui parle seulement des amendes encourues pour crime, et de regarder cet article comme une disposition solitaire que l'esprit de la matière resserre à une valeur purement littérale; *sic voluit lex*. L'administration du mari, pour être efficace et pour commander la confiance, n'implique pas le moins du monde que la communauté soit tenue de ses délits. En outre, les condamnations prononcées contre le mari pour crime emportant mort civile, bien que nées pendant la communauté qui ne se dissout qu'à l'exécution du jugement, ne tombent pas cependant dans la communauté. On ne peut pas dire, comme dans l'ancien droit, que l'amende n'est pas née pendant la communauté, parce qu'alors la mort civile résultait du jugement même. On ne peut pas dire non plus que la femme est censée avoir commis le délit avec son mari, ni qu'elle lui a donné mandat de le commettre (voir Pothier, 472). Le Code ne reproduit pas le passage de Pothier, qui disait, n° 248, que les délits et quasi-délits du mari obligeaient la communauté; le principe du seigneur et maître pouvait seul justifier cela. Il n'existe pas. De tout cela, il serait peut-être téméraire, mais non absurde, de conclure que les amendes, seulement au cas exclusif prévu, tombent en communauté, surtout si on veut remarquer que la femme n'a plus aujourd'hui un douaire qui la protége et donne de la sécurité à son avenir. Mais j'en tirerai avec confiance cette conséquence que, dans le système contraire, il faut interpréter extensivement l'innovation de l'article 1424 relative à la récompense, et décider que toutes les réparations civiles et amendes provenant de délits ou quasi-délits ne tombent dans la communauté que sauf récompense. Du reste, je crois qu'il est plus prudent de résoudre par la tradition et par l'histoire la question que je viens d'examiner, que de la résoudre par pure logique. L'abolition du principe du seigneur et maître commande aussi une certaine interprétation de l'article 1422, qui semble permettre au mari, si on ne considère que sa surface, de donner des meubles d'une manière illimitée à titre particulier, et qui ne lui permet pas de donner une fraction d'universalité des meubles si petite qu'elle soit, ni même un hectare d'immeubles. Ce résultat contradictoire auquel conduit l'interprétation purement verbale de l'article, doit

2.

la faire repousser. Dire que le mari ne peut pas disposer d'une quotité du mobilier, ni des immeubles, c'est dire implicitement qu'il ne peut disposer que pour une somme modique, même à titre particulier; car il impliquerait contradiction qu'il pût faire sous une forme ce qu'il ne peut pas faire sous une autre. D'ailleurs, le principe *à priori* sur lequel je fonde cette solution, c'est que l'administration du mari est suffisamment large et puissante sans la faculté de donner, et qu'il n'est plus seigneur et maître. Après réflexion, je me suis décidé à abandonner cette interprétation comme s'affranchissant par trop du joug des dispositions écrites.

Je pense qu'il faut appliquer *à fortiori*, sous l'empire du Code, l'article **225** de la Coutume de Paris, qui, tout en admettant que le mari pouvait disposer des effets de la communauté à titre gratuit, ajoutait : pourvu que ce soit à *personne capable et sans fraude.* Dumoulin, en interprétant ces mots de la Coutume, s'exprime ainsi : « C'est s'enrichir ou ses hoirs aux dépens de la communauté. » Il y a donc fraude, lorsque la disposition faite des biens de la communauté tend à avantager le mari ou ses hoirs au préjudice de la part de sa femme dans la communauté. Pothier, dans son Commentaire, établit plusieurs cas de présomption de fraude qui donnent lieu à récompense, mais qui, n'étant pas reproduits dans le Code, ne sauraient pourtant avoir la force de présomptions légales. Mais les donations seraient-elles nulles, même à l'égard du donataire, ou donneraient-elles lieu seulement à récompense de la part du mari ? Si les biens personnels du mari ou de la communauté ne suffisaient pas pour que la femme profitât réellement de la récompense, elle pourrait soutenir que la donation est nulle, même à l'égard du tiers, jusqu'à concurrence de ce qu'elle aurait eu, si le bien n'eût pas été donné.

L'étendue du pouvoir du mari sur la communauté dont nous avons posé le principe, et l'unité d'administration, dont nous avons reconnu la nécessité pratique, engendrent une série de conséquences de détail qui sont une dérivation directe de ces prémisses, mais qui se trouvent mêlées à d'autres règles qui n'étaient pas commandées par la logique, et qui sont dans le Code comme des ruines encore subsistantes dont les principes sont effacés. Ainsi, il faut nécessairement, pour que l'action du mari soit libre, qu'il puisse aliéner à titre onéreux les biens communs sans aucune restriction ; qu'il ait toutes les actions mobilières, immobilières, possessoires, relatives aux fonds communs. Sans cela, il ne pourrait pas faire des opérations de commerce ou autres, et agrandir la fortune de la communauté. Mais je regarde encore comme une tradition du seigneur et maître que le mari puisse, en dotant un enfant commun en effets de la communauté, forcer la femme de supporter la moitié de la dot, et faire fléchir ainsi la maxime : *ne dote qui ne veut.* La qualité d'administrateur du mari exige aussi que tous les engagements contractés par le mari durant la communauté, soit par l'effet d'une convention ou d'un quasi-contrat, puissent obliger la communauté ; cela importe absolument au crédit du mari comme chef de la société conjugale. Il n'importe, dit Pothier, que la communauté ait profité ou non des dettes contractées par le mari, il n'importe même qu'il les ait contractées pour les affaires de la communauté. La raison qu'en donne Pothier, n° 248, c'est que le mari ayant le droit de disposer de la communauté d'une manière absolue, c'est une conséquence que la communauté soit tenue de toutes les dettes qu'il a contractées durant le mariage. Cependant Pothier tombe dans une inconséquence singulière quelques pages plus loin, lorsqu'il admet, n° 283, que lorsque le mari a aliéné un immeuble propre de la femme, sans son consentement, et que celle-ci le revendique contre l'acheteur après la dissolution de la communauté, elle n'est tenue que de lui rendre la restitution du prix, pour la part seulement dont elle est chargée comme commune, et qu'elle ne saurait être tenue des dommages et intérêts. Lebrun pensait, au contraire, avec beaucoup plus de raison, sous l'empire des anciens principes, que si la femme pouvait évincer pour le total l'acheteur de son héritage propre, elle était, comme commune, tenue envers lui, pour sa part, des dommages et intérêts résultant de l'obligation de garantie que son mari a contractée pendant la communauté en le lui vendant. Pothier répond que si la femme était tenue de sa garantie elle ne pourrait pas évincer, d'après la maxime *Quem de evictione*, etc. Ce raisonnement est faux : d'une part, la femme a le droit de revendiquer un propre que le mari ne pouvait pas aliéner, et d'autre part elle est tenue de toutes les dettes du mari. Quelque disposé qu'on puisse être à renfermer le pouvoir du mari dans de justes limites, et à tirer de l'abolition de la maxime du seigneur et maître les conséquences qui en découlent, il est impossible de ne pas admettre que toutes les dettes contractées par le mari par suite d'un contrat ou quasi-contrat, tombent dans la communauté, bien que le Code ne répète pas formellement ce principe si clairement établi dans Pothier, malgré la violence exceptionnelle qu'il lui a faite. Il me semble impossible en pratique d'établir des catégories entre les dettes d'un mari qui naissent d'un contrat, et de poser une ligne de démarcation saisissable, sans placer les tiers qui feraient des opérations avec lui dans une insécurité complète, et sans ruiner son crédit. Du reste, l'art. 1421 contient virtuellement pour le mari le pouvoir d'obliger la communauté.

Comme administrateur des biens propres de la femme, il faut encore que le mari ait le pouvoir qui appartient à tout administrateur légal des biens d'autrui, par exemple, de faire des baux, etc., mais sa qualité d'administrateur n'implique pas forcément et *à priori* les actions pétitoires de meubles et d'immeubles propres à la femme, ni les actions possessoires de la pleine propriété des immeubles de la femme, ni surtout le pouvoir d'aliéner les meubles. Cependant le Code attribue au mari l'action mobilière, mais non, selon moi, le pouvoir d'aliéner les meubles ; l'action possessoire de la pleine propriété des immeubles propres de la femme (et non pas seulement l'action possessoire de l'usufruit qui lui appartient comme représentant de la communauté usufruitière) lui est aussi formellement reconnue. Le mari n'a point l'action pétitoire des immeubles propres de la femme, mais il a l'action pétitoire de l'usufruit, et, s'il succombe, le jugement rendu contre lui ne peut être opposé à la femme. Évidemment aussi le mari ne peut pas aliéner les immeubles propres de la femme. Le mari ne peut, par acte de dernière volonté ou au moyen d'une institution contractuelle, disposer des biens communs que jusqu'à concurrence de sa part dans la communauté.

J'ai posé plus haut le principe de l'incapacité de la femme que j'ai expliquée par la nécessité d'un pouvoir unique dans les affaires de la société conjugale. Il en résulte que les dettes contractées par la femme sans l'approbation du mari, quoiqu'elle les ait régulièrement contractées avec l'autorisation de justice, n'obligent la communauté que jusqu'à concurrence de ce dont elle a profité. Si la femme pouvait obliger la communauté, il n'y aurait plus un chef de la communauté, il y en aurait deux. La communauté n'est pas tenue non plus des dettes que la femme a contractées par suite d'un quasi-contrat, d'un délit et d'un quasi-délit, ni des amendes prononcées contre elle par suite d'un délit de droit criminel. Quelques Coutumes se sont écartées de ces principes, telles sont les Coutumes d'Anjou et du Maine, qui ne font aucune distinction entre le mari et la femme sous le rapport des délits, et qui décident que le créancier conjoint qui a commis le délit peut se venger sur les biens communs, et que le conjoint qui n'a pas commis le délit n'a qu'à requérir la séparation des biens de la communauté pour restreindre le créancier à la part qu'y doit avoir le conjoint délinquant. Bien que la femme soit aujourd'hui copropriétaire des biens communs, bien qu'au point de vue social et individuel il importe qu'un délit soit réparé, je n'hésite pas à repousser la disposition de ces Coutumes comme contraire à toute l'économie de la loi qui organise chez nous la communauté entre époux, et qui place la fortune en dehors de toute disposition, même indirecte, de la femme. La femme autorisée en justice à contracter ne peut pas même enlever à la communauté l'usufruit de ses propres.

La femme peut obliger la communauté pour les dettes qu'elle a contractées avec l'autorisation de justice, aux deux cas prévus par l'art. 1427, et aussi de *in rem verso*.

Lorsque le mari autorise la femme à faire un acte quelconque, la communauté est obligée, lors même que l'engagement est relatif aux biens personnels de la femme. Il n'y a à cette règle contenue dans l'article 1419, que deux exceptions, 1415 et 1452. Faut-il généraliser 1415 et 1452, ou les renfermer dans les limites de véritables exceptions ? Je crois que ce sont de pures exceptions. Pourquoi la femme qui est copropriétaire des biens communs ne pourrait-elle pas obliger la communauté, lorsque le mari l'autorise à contracter. Il n'y a ici aucune atteinte apportée aux pouvoirs du mari comme chef de la communauté, et les droits légitimes des créanciers sont mieux assurés.

La femme autorisée par son mari à exercer la profession de marchande publique, lie la communauté pour tous les actes qu'elle fait pour le besoin de son commerce, sans qu'elle ait besoin d'une autorisation spéciale pour chaque engagement.

Relativement à ses biens propres, la femme jouit, sous le régime de communauté, des mêmes droits dont elle jouirait sous tout autre régime, c'est-à-dire qu'elle peut, toutes réserves faites pour les droits d'usufruit qui appartiennent à la communauté, aliéner ses biens propres, les grever de servitudes et d'hypothèques, avec l'autorisation de justice.

DES DIFFÉRENTES CRÉANCES DE CHACUN DES CONJOINTS CONTRE LA COMMUNAUTÉ, ET DES DIFFÉRENTES DETTES DE CHACUN DESDITS CONJOINTS ENVERS LA COMMUNAUTÉ.

La communauté à l'origine était universelle, c'est la conclusion expresse ou latente de toutes les recherches historiques qui ont été faites de nos jours sur ce problème si obscur. La communauté a existé d'abord entre les serfs, entre tous ceux qui vivaient à même pot et feu. Lorsque les serfs furent affranchis, et devinrent roturiers, ces habitudes de vivre en communauté engendrèrent les sociétés taisibles. Cette communauté n'était pas un effet du mariage, elle se formait entre hommes qui travaillaient en commun pour le même seigneur, et la communauté entre mari et femme n'était qu'une application spéciale d'une organisation générale dans la classe serve. La communauté comprenait les meubles qui étaient apportés par les époux dans le ménage, et les fruits des immeubles dont la propriété appartenait au seigneur, car les serfs ne pouvaient pas avoir de propriété immobilière : même quand ils étaient affranchis et que le seigneur faisait avec eux le bail à censive, ils n'avaient qu'un droit précaire et dépendant. Lorsque la communauté adoptée d'abord par les classes roturières devint enfin, lors de la rédaction des Coutumes, le régime des classes nobles, elle rencontra le régime féodal de la propriété qui s'opposait à ce qu'une propriété inféodée tombât dans la communauté, puisque la succession et l'aliénation de cette propriété étaient réglés au point de vue d'une organisation hiérarchique permanente. Le retrait lignager, la garde-noble, le système des successions, posaient des limites à l'universalité de la communauté, et on peut remarquer en étudiant la communauté avec l'organisation qu'elle présente au temps de Pothier, que le seul obstacle à la communauté universelle, c'est encore la théorie des propres, Toutes les fois qu'un immeuble n'est pas propre, il entre dans la communauté, Pothier le déclare très clairement. On comprend de ce point de vue, qu'aussitôt qu'un propre subissait une transformation et cessait d'être propre, il devait être absorbé dans la communauté qui ne devait point de récompense. Aussi Pothier dit-il (n° 585 comm.) que si, durant la communauté, l'héritage propre de l'un des conjoints avait été aliéné, et que la communauté en eût reçu le prix ; néanmoins, à défaut d'une clause spéciale par le contrat de mariage, ou du moins par l'aliénation, le conjoint ne pouvait autrefois prétendre aucun remploi ni reprise du prix. Mais comme c'était une voie ouverte aux conjoints de s'avantager, la nouvelle Coutume de Paris, pour empêcher les avantages indirects, a accordé la reprise du prix, quoiqu'il n'y eut aucune convention. « La disposition de la Coutume de Paris, dit Pothier, est principalement fondée sur ce principe qu'il n'est pas permis à l'un des conjoints par mariage d'avantager l'autre à ses dépens durant le mariage. » Il est donc bien clair que l'idée génératrice des récompenses, c'est d'empêcher les donations indirectes. Le droit coutumier primitif, au contraire, au lieu de s'opposer aux donations entre époux les encourageait, et il est certain que, tant que cela a duré, le principe générateur des récompenses, la prohibition de faire des donations indirectes, ne pouvait pas exister. Du reste la disposition de la Coutume de Paris fut étendue même à quelques Coutumes où on permettait encore aux époux de s'avantager.

Je crois que le Code a voulu reproduire la théorie des récompenses, avec son principe et ses applications de détail, telle que nous la trouvons dans Pothier ; seulement l'art. 1424 contient une innovation grave, en ce que l'amende encourue par le mari ne tombe dans la communauté que sauf récompense, tandis qu'autrefois elle tombait définitivement. La dette d'une amende est considérée comme propre au mari, et nous avons conclu *à pari* que les amendes et réparations civiles pour délits de droit criminel, ou délits civils ou quasi délits du mari, étaient aussi soumises à la récompense.

DES DIFFÉRENTES CRÉANCES DES CONJOINTS CONTRE LA COMMUNAUTÉ.

Lorsque le propre de l'un des conjoints a été aliéné durant la communauté, il doit lors de la dissolution de la communauté avoir une reprise sur les biens de la communauté. Le principe qui détermine l'étendue de la reprise, c'est qu'elle est due de tout ce qui est parvenu à la communauté par l'aliénation du propre. La reprise ne doit pas être de ce que le propre valait au moment de l'aliénation, mais du prix pour lequel il a été vendu, quand même il *aurait été vendu au-dessus ou au-dessous de ce qu'il valait*. On doit aussi comprendre dans le prix de vente, celui des charges appréciables à prix d'argent qui ont été imposées à l'acheteur et dont la communauté a profité. Pothier développe dans le §. 580 à 592 une série d'applications de cette règle, sur la mesure de la récompense résultant de l'aliénation d'un propre. Ce n'est pas seulement la vente des propres de chacun des conjoints qui donne lieu à la reprise, mais toutes les autres espèces d'aliénations desdits propres, par lesquelles il parvient à la communauté, soit quelque somme d'argent, soit quelque avantage appréciable à prix d'argent. En un mot le principe général est que chacun des conjoints est lors de la dissolution de la communauté créancier de tout ce dont il a enrichi la communauté, mais toujours dans les limites de la diminution de son patrimoine propre.

La théorie des récompenses présente des difficultés sérieuses, lorsque l'un des époux a transformé un droit d'usufruit ou de rente viagère propre en une somme d'argent, ou en un immeuble, ou bien, lorsqu'un immeuble, ou des meubles propres, ou une créance propre à l'un des époux ont été transformés en usufruit, ou rente viagère. Pothier s'exprime ainsi au §. 592 : Lorsqu'un droit d'usufruit ou de rente viagère propre à l'un des époux a été vendu durant la communauté, pour le prix d'une certaine somme d'argent payée comptant, le conjoint ne doit avoir la reprise de cette somme que sous la déduction de ce dont la communauté aurait profité des revenus de cet usufruit ou de cette rente, pendant tout le temps couru depuis la vente qui en a été faite jusqu'à la dissolution de la communauté. Pothier ajoute qu'il n'importe dans ce cas que la dissolution soit arrivée par le prédécès de celui des conjoints à qui appartenait l'usufruit ou la rente viagère, ou par celui de l'autre conjoint. Cette dernière opinion de Pothier a été vivement combattue, et un auteur dont je reconnais la haute autorité a proposé la distinction suivante. Si la communauté se dissout par la mort du conjoint qui était propriétaire de l'usufruit ou de la rente viagère, ses héritiers ne pourront pas demander de récompense, car si la communauté a fait une opération utile, toujours est-il qu'il n'en a rien coûté à l'époux, et pour qu'il y ait récompense il ne suffit pas que la communauté ait profité, il faut que l'époux ait été appauvri. Mais si la communauté se dissout par la mort de l'époux non propriétaire de l'usufruit ou de la rente viagère, alors l'époux survivant qui aurait encore l'usufruit, ou la rente sans l'aliénation, dont le prix est entré dans la communauté, aura une indemnité, pour tout ce qui excède ce dont la communauté aurait profité au-delà des revenus annuels de l'usufruit ou de la rente viagère. Je suis forcé de le dire, cette critique du § 592 de Pothier ne me paraît pas fondée. Je crois que dans l'hypothèse de Pothier, il est inutile de distinguer si la communauté se dissout ou non par la mort de l'époux, sur la tête duquel repose la rente viagère ou l'usufruit. Supposons que l'époux auquel appartenait la rente viagère est mort, et que sa mort dissout la communauté. La rente viagère s'éteindrait avec lui, peut-on dire; ses héritiers n'ont donc rien perdu par suite de la transformation de cette rente en un capital qui est entré dans la communauté. La fortune propre de cet époux ne se trouve pas diminuée au moment de sa mort, il n'y a donc pas lieu à récompense. On oublie, quand on fait ce raisonnement, que la somme reçue pour prix de l'usufruit ou de la rente viagère, est subrogée à cette rente ou à cet usufruit, car il y a subrogation réelle toutes les fois qu'une chose est donnée comme équivalent de l'aliénation d'un propre, argument de 1407 généralisé. Si cette somme entre provisoirement dans la communauté, c'est une conséquence forcée des principes du quasi usufruit de la communauté sur toutes les choses fongibles qui appartiennent aux époux. La somme qui est entrée dans la communauté est donc un propre de l'époux; c'est lui qui a fait une bonne opération, s'il y a bonne opération, et non la communauté qui n'a touché la somme représentative de la rente viagère ou de l'usufruit, que comme usufruitière des propres des époux. Si la communauté profitait de la transformation qui a été faite par l'époux elle serait avantagée. L'idée fondamentale qui justifie la solution de Pothier, c'est qu'il y a subrogation : par suite de cette subrogation l'époux se trouve dans la même position où il serait s'il s'était marié avec la clause qu'une somme d'argent lui restera propre, il aurait incontestablement droit de récompense contre la communauté. Mais si l'époux a reçu comme cause de l'aliénation de la rente viagère ou de l'usufruit un immeuble, cet immeuble reste propre à l'époux par les principes de la subrogation, et celui-ci est débiteur envers la communauté de tout ce que l'immeuble produit de moins que ne produiraient la rente viagère ou l'usufruit. Je suppose que la communauté se dissout par la mort de l'époux qui a opéré cette transformation, la logique commande dans l'opinion que je combats de conclure que l'immeuble appartiendra à la communauté, puisque les héritiers de cet époux n'auraient trouvé qu'une rente viagère éteinte. Mais cette conclusion inadmissible en présence de la théorie de la subrogation en matière d'aliénation de propres pendant la communauté, théorie formellement professée par Pothier, et reproduite dans l'art. 1407, est une réfutation par l'absurde de l'opinion que je critique. Pourquoi, en effet, la position de l'époux serait-elle différente lorsqu'il a transformé son droit de rente viagère ou d'usufruit en un immeuble ou en une somme d'argent. La seule différence c'est que la communauté est usufruitière dans un cas, quasi-usufruitière dans l'autre ; mais, dans les effets définitifs, il ne saurait y avoir aucune différence qui se puisse justifier.

Pour justifier l'opinion contre laquelle je viens de proposer quelques objections, on s'appuie sur le n° 659 de Pothier (comm.) qu'on prétend mettre en contradiction avec lui-même. Mais je trouve pour mon compte que les n°˚ 592 et 659 s'harmonisent très bien et ne contiennent aucune contradiction, car ils sont relatifs à des hypothèses dissemblables. Voici un extrait du passage de Pothier n° 659 : « Lorsque la servitude dont l'héritage de l'un des conjoints était chargé, et qui a été rachetée des deniers de la communauté était une servitude personnelle, puta, si c'était un droit d'usufruit, pour décider, s'il y a lieu, à la récompense, je crois qu'on doit distinguer si le tiers qui avait ce droit d'usufruit qui a été racheté des deniers de la communauté, est mort avant la dissolution de la communauté, ou s'il y a survécu. S'il est mort avant, il n'y a pas lieu à récompense, car c'est la communauté qui a seule profité du rachat de cet usufruit, puisqu'elle a reçu les revenus de l'héritage pendant tout le temps qu'eût duré l'usufruit s'il n'eût pas été racheté ; si, au contraire, le tiers auquel appartenait le droit d'usufruit a survécu à la dissolution de la communauté, le conjoint propriétaire de l'héritage profite du rachat, puisqu'il entre aussitôt en jouissance de l'héritage, tandis qu'il n'y serait entré qu'à la mort de cet usufruitier, si l'usufruit n'eût pas été racheté. Il doit donc pour ce rachat, dont il profite, une récompense à la communauté. » Il est évident qu'il n'y a pas identité entre cette espèce et celle posée au n° 592 de Pothier. Au n° 592, il s'agit de la transformation d'une rente viagère ou d'un usufruit propres à l'un des deux époux, en une somme d'argent, auquel cas s'applique la fiction de subrogation, et par conséquent, il est inutile de distinguer si la communauté se dissout ou non par la mort de l'époux propriétaire de l'usufruit ou de la rente. Au contraire, dans l'espèce de 659, où l'époux prend dans la caisse de la communauté pour affranchir son immeuble d'un droit d'usufruit qui le grève, la fiction de subrogation ne peut pas avoir lieu, puisqu'il n'y a pas aliénation d'un propre, et pour déterminer s'il est dû récompense ou non à la communauté, il faut examiner si l'époux a profité, puisque la récompense n'est due à la communauté que jusqu'à concurrence de ce dont l'époux a profité d'après le deuxième principe formulé par Pothier au n° 645 ; or, il ne profite qu'autant que l'usufruit subsistait encore au moment de la dissolution. Il faut donc ici distinguer si le tiers usufruitier vivait ou non quand la communauté a été dissoute. Mais en quoi doit consister cette récompense? Le conjoint débiteur de la récompense doit, selon Pothier, avoir le choix de deux choses, ou de rendre à la communauté la somme qui en a été tirée pour faire ce rachat, sous la déduction de ce que la communauté a reçu des jouissances de l'héritage au-delà de l'intérêt de cette somme, ou d'abandonner à l'autre époux, pour la part qu'il a dans la communauté, la jouissance de l'héritage pendant la vie de celui à qui appartenait l'usufruit qu'on a racheté. Mieux vaudrait peut-être estimer l'usufruit qui reposerait sur la tête du tiers au moment de la dissolution, comme s'il n'eût pas été racheté, et payer à la communauté le montant de cette estimation, qui est la mesure exacte du profit procuré à l'époux, dont le fonds était grevé de l'usufruit.

Maintenant, examinons l'hypothèse, où c'est un droit perpétuel qui est transformé en un droit temporaire. Un époux a un héritage propre, dont le revenu annuel est de 1,000 francs ; il l'aliène pour une rente viagère ou un usufruit de 2,000 fr., la communauté reçoit tous les ans 1,000 fr. de plus qu'elle n'aurait reçu sans cette transformation. Si la communauté a duré dix ans depuis l'acquisition par l'époux de la rente viagère ou de l'usufruit, elle devra à l'époux auquel appartient la rente ou l'usufruit, une récompense de 10,000 fr. ; mais, si la communauté durait trente ans, depuis l'aliénation de l'héritage pour le prix de la rente viagère, et que l'immeuble primitif par exemple valût 20,000 fr., je crois que la communauté, bien qu'elle eût reçu 50,000 fr. de plus que si le droit perpétuel de l'époux n'avait pas été transformé en un droit temporaire, ne devrait cependant à l'époux que 20,000 fr., puisque le profit de la communauté, quelque considérable qu'il soit, n'a coûté à l'époux que 20,000 fr., et que la récompense ne saurait excéder ce qu'il en a coûté à l'époux. Si la communauté se dissout par la mort de l'époux sur la tête duquel reposait l'usufruit ou la rente viagère, la récompense doit se calculer d'après les bases que nous venons de poser ; mais si le conjoint propriétaire de l'usufruit ou de la rente viagère vit encore au moment de la dissolution de la communauté, il faut calculer autrement. Par exemple, en prenant toujours pour type la même espèce, vingt ans se sont écoulés depuis que l'immeuble a été transformé en rente viagère. Le conjoint prend 20,000 fr. dans la communauté, parce que les arrérages de la rente sont de 2,000 francs, tandis que le revenu de l'immeuble n'était que de 4,000 ; il a en outre la valeur actuelle de la rente viagère qui n'est pas éteinte. Or, les 20,000 francs ajoutés à la valeur actuelle de la rente viagère, donnent à l'époux plus que la valeur du droit perpétuel qu'il avait avant la conversion de ce droit en rente viagère, ce qui ne peut pas être, donc ce calcul est faux. Je crois que dans la supposition où l'époux qui a fait la conversion vit encore, il faut estimer la rente viagère encore vivante, et ajouter à la valeur de cette rente ce dont la communauté a profité par suite de la conversion, de manière que l'époux ait toujours une restitution du montant de ce qu'il aurait eu si la conversion n'avait pas été faite, mais jamais au-delà. Il n'est pas nécessaire d'ajouter que lors même que la rente viagère encore subsistante sur la tête du conjoint, et les restitutions de la communauté ne feraient pas équation avec le droit primitif de l'époux, la communauté ne doit jamais que jusqu'à concurrence du profit que la conversion lui a procuré.

Les récompenses ou indemnités dues à l'un ou à l'autre des époux, ne peuvent être réclamées qu'à la dissolution de la communauté. Sa femme est cependant autorisée, même avant cette époque, à prendre des mesures conservatoires pour s'assurer le payement des sommes qui lui sont dues par la communauté. Les sommes dues à l'un ou à l'autre des époux, à titre de récompense ou d'indemnité, portent de plein droit intérêt à partir du jour de la dissolution de la communauté.

DES DIFFÉRENTES DETTES DONT CHACUN DES CONJOINTS PEUT ÊTRE TENU ENVERS LA COMMUNAUTÉ LORS DE LA DISSOLUTION.

Pothier pose les principes suivants sur les récompenses dues à la communauté. Premier principe : Toutes les fois que l'un ou l'autre des conjoints s'est enrichi aux dépens de la communauté, il lui en doit récompense. Second principe : La récompense n'est pas toujours de ce qu'il en a coûté à la communauté pour l'affaire particulière de l'un des conjoints ; elle n'est due que jusqu'à concurrence de ce qu'il a profité. Troisième principe : La récompense n'excède pas ce qu'il en a coûté à la communauté, quelque grand qu'ait été le profit que le conjoint a retiré.

Il est dû récompense à la communauté pour le montant des sommes qu'elle a déboursées, soit à l'effet d'assurer à l'un des époux la possession de ses propres, soit dans le but de les affranchir des charges dont ils sont grevés, soit dans les deux hypothèses prévues par l'article 1400, soit par suite d'une résolution qui a fait rentrer l'immeuble aliéné avant le mariage dans les biens de l'époux. Lorsque, dans un partage d'immeubles, le conjoint a payé une soulte avec les deniers de la communauté, il est dû récompense à la communauté ; de même, si, au lieu de partager ses immeubles avec ses cohéritiers ou copropriétaires, le conjoint s'est rendu adjudicataire par licitation, il doit récompense des sommes qu'il a tirées de la communauté pour payer à ses colicitants. Mais si une succession était composée de meubles et d'immeubles, et que le conjoint appelé au partage de cette succession eût dans son lot plus d'immeubles, à proportion, que de meubles, devrait-il récompense à la communauté ? Pothier résout la question négativement: la raison qu'il donne, c'est que le partage étant déclaratif, on ne peut pas dire que l'époux a ce qu'il a d'immeubles aux dépens de la communauté ; il est censé n'avoir pas succédé à d'autres choses qu'à celles qui lui sont échues.

Quant à la récompense due à la communauté, pour raison des impenses et améliorations faites sur les héritages propres de chacun des conjoints, il y a une distinction fondamentale à faire entre les impenses nécessaires et les impenses utiles. Quand l'impense est nécessaire, le conjoint doit toujours à la communauté la somme qu'elle a coûtée, quand même la chose pour laquelle l'impense a été faite ne subsisterait plus. L'impense étant nécessaire, l'époux eût été obligé de la faire de ses propres deniers. Au contraire, la récompense pour impenses utiles n'est due qu'autant et jusqu'à concurrence de ce que l'héritage propre du conjoint se trouve être plus précieux au temps de la dissolution de la communauté, suivant l'estimation qui en doit être faite par experts. Il suit de là qu'il n'est jamais dû récompense pour les impenses voluptuaires, puisque les impenses voluptuaires sont celles qui n'augmentent pas le prix de l'héritage sur lequel elles sont faites.

Lorsque l'un des conjoints a, durant la communauté, acquitté des deniers de la communauté une dette qui lui était propre, il en doit récompense à la communauté. Lorsque la dette dont l'époux était débiteur, et qu'il a acquittée des deniers de la communauté, était une rente, la communauté ne peut pas lui demander précisément, dit Pothier, la somme qu'il en a tirée pour la racheter, mais la continuation d'une rente telle que celle dont il s'est acquitté envers son créancier. En un mot, c'est une application de la règle que la récompense n'est toujours que jusqu'à concurrence du profit procuré à l'époux. Pothier se livre ensuite à une dissertation étendue sur la disposition des articles 244 et 245 de la Coutume de Paris, pour résoudre la question de savoir si la rente rachetée des deniers de la communauté continue de subsister, de telle sorte que la communauté soit subrogée au tiers, et que ce soit la même rente qui soit continuée pour moitié à l'autre conjoint à la dissolution de la communauté, ou bien si la rente, dont la continuation est due, est une rente nouvelle que le conjoint est censé avoir constituée à la communauté pour le prix des deniers qu'elle a fournis pour le rachat. Cette question que faisait naître la rédaction obscure des articles de la Coutume de Paris n'existe plus dans notre droit. D'ailleurs la rente n'est plus aujourd'hui qu'un prêt avec impossibilité de la part du prêteur de redemander le capital, et auquel s'appliquent les règles sur l'extinction des obligations par le payement. Ce qu'il importe de remarquer comme confirmation nouvelle des principes de la matière, c'est que la récompense n'est pas de ce que l'époux a pris dans la communauté pour racheter la rente, mais de ce dont il a profité, et c'est pour cela qu'il est tenu de payer à l'autre conjoint la moitié des arrérages du jour de la dissolution de la communauté jusqu'à l'entier rachat. Si l'héritier de la femme débitrice de la rente renonçait à la communauté, il devrait continuer la rente pour le total au mari qui demeurerait seul propriétaire de la communauté.

Si le mari a doté un enfant d'un précédent mariage avec les biens de la communauté, il n'est pas douteux qu'il est dû récompense à la communauté du montant de cette dot. Si la femme, autorisée du mari, dote en effets de la communauté un enfant du premier lit, elle doit récompense à la communauté.

La dot de l'enfant commun est dans notre droit une dette naturelle des époux, et non une dette de communauté. Ce qui le prouve clairement, selon Pothier, c'est que si le mari a doté seul et sur ses héritages propres, il ne lui est pas dû récompense par la communauté. De ce que la dot de l'enfant commun est une dette naturelle, il suit que si les deux époux ont doté conjointement, et qu'ils aient payé la dot en biens de la communauté, ils lui doivent récompense, parce que chacun d'eux a payé une dette qui lui était propre. Bien que la dette soit naturelle, et que l'enfant n'ait pas d'action contre ses père et mère pour obtenir une dot, il est certain que quand ils dotent ils reconnaissent cette dette comme une dette propre dont ils étaient tenus. Il semblerait découler des mêmes principes que lorsque le mari dote seul en effets de la communauté, il devrait récompense à la communauté du montant des effets qu'il en a tirés pour doter. C'était l'opinion de Lebrun, et c'est une conséquence rigoureuse de ce que la dot n'est pas une dette de la communauté. Mais Pothier est d'un avis contraire, et il pense que lorsque le mari a parlé seul à la dotation, et qu'il a donné des biens communs, il n'y a pas lieu à récompense. Les art. 1459 et 1469 reproduisent la théorie de Pothier : en effet, le dernier article dit que les époux doivent rapporter à la communauté *ce qu'ils en ont tiré pour doter personnellement l'enfant commun*. Donc, lorsque le mari a doté comme chef de la communauté, il n'y a pas lieu au rapport, mais seulement lorsque les époux ont doté personnellement. Pothier, pour se montrer conséquent à lui-même, prétend que le conjoint ne doit récompense que de ce qu'il a tiré de la communauté pour acquitter la dette de lui seul ; et que la dot est une dette qui n'est pas moins la dette de la femme que celle du mari ; mais la maxime : *ne dote qui ne veut*, prouve bien que la dot ne devient une dette propre de la femme que par son assentiment. Il faut donc reconnaître que Pothier a manqué à la logique, et que le Code a reproduit sa théorie.

Si les deux époux ont doté conjointement, mais pour des sommes inégales, chacun doit récompense à la communauté de la somme qu'il y a prise.

La femme est tenue d'indemniser la communauté du dommage qu'elle peut par sa faute avoir causé aux biens communs. Elle est obligée à la récompense, même lorsqu'elle renonce à la communauté. A partir de la dissolution, les dettes des époux envers la communauté portent intérêt.

DES CRÉANCES QUE L'UN DES CONJOINTS PEUT AVOIR, NON CONTRE LA COMMUNAUTÉ, MAIS CONTRE L'AUTRE CONJOINT.

Si les époux sont créanciers l'un de l'autre avant le mariage, et que leurs créances soient mobilières, elles s'éteignent en tombant dans la communauté, à moins qu'elles ne soient exclues de la communauté par une clause expresse, au contraire, les créances immobilières antérieures au mariage de l'un des deux époux contre l'autre subsistent.

Les époux peuvent aussi devenir créanciers l'un de l'autre pendant la communauté, par exemple, lorsque la femme s'oblige, non pour les affaires de la communauté, mais pour les affaires personnelles du mari. Le mari échange un immeuble, il doit une soulte : la femme s'oblige avec lui, et elle est recherchée à garantie, en raison de cela ; elle a une créance personnelle et elle la délègue aux créanciers du mari ; elle garantit conjointement ou solidairement la vente que le mari fait d'un bien à lui propre ; dans tous ces cas, elle a une créance contre le mari. Les mêmes circonstances, les rôles étant renversés, feraient naître une créance au profit du mari contre la femme. Lorsque la femme s'oblige solidairement ou conjointement avec le mari pour les affaires de la communauté, elle n'est obligée que comme caution à l'égard de celui-ci, et elle doit être indemnisée. Elle sera tenue, sans doute, à l'égard des créanciers, mais elle aura son recours contre le mari.

Les créances de l'un des conjoints contre l'autre ne portent intérêt que du jour de la demande en justice.

Nous ferons remarquer en finissant que l'article 1451 est la preuve péremptoire que la femme peut cautionner, s'obliger avec l'autorisation du mari même, dans l'intérêt du mari. Cela se lie très bien avec l'explication que nous avons donnée de l'incapacité de la femme pendant le mariage. En principe, la femme est capable, par conséquent la maxime, *nemo auctor esse potest in rem suam*, protectrice des mineurs, ne saurait lui être appliquée. Son incapacité n'est qu'une conséquence de la subordination nécessaire à l'unité de l'administration.

DE LA DISSOLUTION DE LA COMMUNAUTÉ.

La communauté se dissout par la mort naturelle ou civile de l'un des époux. Pothier admet que la communauté est dissoute dans le dernier cas, bien que la mort civile n'empêche pas le mariage de subsister. Quelque interprétation qu'on puisse donner à l'article 227, qui me paraît controversable, surtout depuis la loi de 1816 (1) sur l'abolition du divorce, qui a rendu au mariage son indissolubilité, il me paraît certain, d'après la lettre même de l'article 1441, que la communauté se dissout par la mort civile, avant, par conséquent, que les délais pour purger la contumace soient encourus. Pour décider ainsi, on a un argument littéral de 1441, et l'autorité de Pothier. Si la dissolution de la communauté s'opère par la condamnation de la femme à une peine capitale, quelques auteurs ont soutenu que le mari, outre la moitié appartenant à sa femme dans la communauté, doit aussi jouir des biens propres de la femme jusqu'à sa mort naturelle, car le mari ne doit pas souffrir des fautes de sa femme. Cette opinion fut renversée par un arrêt du 14 mars 1703, auquel Pothier se rallie.

Le défaut d'inventaire, dit l'article 1442, ne donne plus lieu à la continuation de la communauté. La vie commune faisait naître la communauté, comme je l'ai déjà dit, et la vie commune devait la faire durer entre le survivant des époux et les enfants qui vivaient à même pot et feu. L'identité de la communauté conjugale et de la communauté qui se formait entre étrangers est un fait à peu près acquis de l'histoire du droit. Mais il faut remarquer qu'il n'y avait jamais lieu à la continuation de communauté entre nobles, lorsque les héritiers du prédécédé étaient des enfants mineurs qui tombaient en la garde noble du survivant; car, l'émolument de la garde noble comprenait tout le mobilier qui était échu aux mineurs, et le revenu de leurs immeubles, et par conséquent, il ne restait rien aux mineurs, dont le mélange avec les biens du survivant pût former une continuation de communauté. Il paraît cependant qu'on avait admis, mais à une époque assez tardive, que la continuation de communauté pouvait avoir lieu entre nobles, lorsque les héritiers du prédécédé étaient majeurs. La garde simple, qui existait

(1) Cette loi a replacé la famille sur des bases chrétiennes. Le catholicisme naissant combattit l'institution païenne du divorce avec une persévérance qui aboutit à un succès complet. En abolissant de nouveau le divorce en 1816, on a renoué la chaîne rompue de la tradition, on a affermi la famille, et on a effacé de la loi civile une protestation permanente contre la loi religieuse.

seule sur les biens roturiers et qui donnait seulement le droit
d'administrer, ne faisait pas obstacle à la continuation de communauté qui avait toujours lieu entre vilains. L'ordonnance de
Moulins, de 1566, qui exige la rédaction par écrit de tous les
contrats excédant cent livres, dut porter un coup fatal à toutes
les communautés qui s'établissaient par la vie commune de l'an
et jour, et modifier le principe de la continuation de communauté. Aussi Pothier nous dit-il, que suivant les principes de
la Coutume de Paris, la communauté n'est autre chose qu'une
peine que la Coutume impose au survivant des deux conjoints,
faute d'avoir fait constater par un inventaire la part de leurs enfants dans les biens de la communauté, auxquels ils ont succédé. Cette peine consiste dans la faculté accordée aux enfants
mineurs de demander au survivant, lors de la dissolution de la
continuation de la communauté, les mêmes droits que si la communauté entre époux avait continué jusqu'audit temps. Pothier
soutient avec raison contre *Laurière*, qu'il accuse d'inclination
pour le vieux droit coutumier, que la continuation de communauté ne forme pas une communauté nouvelle formée par la
cohabitation d'an et jour, et par le mélange des biens, mais
que c'est l'ancienne communauté qui est censée n'être pas dissoute dans un but pénal. Ce qui prouve, dit Pothier, qu'il ne
faut pas appliquer ici les principes de l'ancienne société tai-
sible, c'est qu'elle n'existe qu'avec les enfants mineurs, tandis
que la cohabitation et le mélange des biens devrait engendrer
aussi société même avec les enfants majeurs du survivant. Il est
certain toutefois que la Coutume d'Orléans, qui abroge les sociétés taisibles par codemeurance, fait une exception formelle
pour le cas de continuation de communauté entre le survivant
et les héritiers du prédécédé non nobles, et qu'elle n'est pas éta-
blie sous l'empire de cette Coutume, comme conséquence d'une
peine; mais cette exception, qui n'est qu'un débris d'une législation générale écroulée, ne nous empêche pas de penser qu'au
temps de Pothier, la disposition de la Coutume de Paris, qui ne
considère la continuation de communauté que comme une peine,
était plus vivante et plus générale que la Coutume d'Orléans sur

ce point spécial. Le Code civil, qui a aboli la continuation de communauté, parce qu'elle donnait lieu à des liquidations très compliquées, a remplacé cette peine par une autre, et a décidé que le défaut d'inventaire dans les délais voulus entraînerait les conséquences suivantes : 1° Les héritiers ou successeurs universels de l'époux prédécédé ou *toutes autres personnes intéressées*, sont autorisés à faire preuve contre l'époux survivant, même par commune renommée de la consistance et de la valeur du fonds commun. 2° S'il y avait des enfants mineurs, l'époux survivant perdrait son droit d'usufruit, et sur leur part dans la communauté, et sur les autres biens qui leur appartiennent; le subrogé-tuteur serait solidairement responsable avec le survivant de l'inobservation de cette formalité.

La communauté se dissout aussi par la séparation de corps et la séparation de biens.

Lorsque l'un des conjoints est absent, la communauté est provisoirement dissoute, si l'époux qui reste opte pour la dissolution, et elle est nécessairement dissoute par l'envoi en possession définitif, mais toujours sous la condition du retour de l'absent ou de nouvelles émanées de lui. (Voir sur l'art. 127.)

DE LA SÉPARATION DE BIENS.

Lebrun admettait que le mari pouvait dans trois cas demander la séparation de biens. Mais Pothier dit qu'il doute fort que le mari fût reçu dans ces trois cas à faire cette demande, et il s'appuie sur la jurisprudence pour démontrer que ces demandes étaient repoussées. Il est certain aujourd'hui que la femme seule peut demander contre le mari la séparation de biens.

Le droit de demander la séparation de biens est exclusivement attaché à la personne de la femme. Ses créanciers ne peuvent pas, d'après l'art 1166, exercer eux-mêmes son action si elle néglige de l'intenter; mais, au cas de faillite et de déconfiture du mari, ils pourront, jusqu'à concurrence de leur intérêt, exercer les droits de leur débitrice. Ils ne sont pas admis à faire dissoudre la communauté contre le consentement de la femme, mais elle est considérée fictivement comme dissoute dans leur intérêt, et pour empêcher toute collusion entre la femme et les créanciers du mari. Mais comme la communauté subsiste en réalité, les créanciers de la femme ne pourront faire valoir leurs droits que sous la réserve de l'usufruit qui appartient à la communauté. Du reste, l'état de faillite du mari apporte des modifications au règlement des droits de la femme, ainsi que cela résulte des art. 557 et suivants du Code de commerce.

La femme peut, sous tous les régimes, demander la séparation de biens. Le péril de la dot de la femme est le fondement ordinaire des demandes en séparation ; mais il ne faut pas en conclure qu'une femme qui n'a apporté aucune dot à son mari ne puisse demander la séparation. Pothier décide formellement que la femme qui n'a rien apporté peut demander la séparation de biens. Il n'est pas nécessaire, pour que la femme soit reçue à demander la séparation, que le mauvais état des affaires du mari soit arrivé par sa faute et par sa mauvaise conduite. Il n'est pas nécessaire non plus que le mari soit devenu entièrement insolvable, car alors la séparation de biens manquerait son but ; il suffit que le train que prennent les affaires donne lieu de craindre qu'il ne devienne insolvable. Mais s'il n'y avait pas désordre dans les affaires du mari, alors même que sa fortune serait insuffisante pour garantir complétement la dot, ce ne serait pas une raison pour obtenir la séparation.

Lorsque la femme a succombé dans une première demande en séparation de biens, elle peut néanmoins la renouveler. Le juge ne peut ordonner la séparation qu'après que la femme a fait la preuve des faits qui servent de fondement à la demande. La séparation ne peut se faire par le consentement mutuel des parties. C'est une conséquence de l'irrévocabilité des conventions matrimoniales

Les formes de la demande en séparation sont tracées dans l'art. 865 du Code de procéd. civ. Quant à la publicité qui doit être donnée à la demande, voir les art. 866 et 869, dont les prescriptions sont sanctionnées par ces mots : *à peine de nullité.* La publicité de la demande a pour but d'avertir les créanciers du mari, qui peuvent intervenir dans l'instance pour empêcher que la séparation ne soit prononcée à leur préjudice. L'art. 871 du Code de procédure leur donne formellement ce droit. Mais lorsqu'il s'agit d'une instance en séparation de corps, les créanciers du mari ne peuvent pas intervenir, et voilà pourquoi la publicité de la demande dans ce cas n'est pas ordonnée.

Au cas de séparation de biens, les créanciers du mari peuvent, par la voie de la tierce opposition, faire déclarer non avenue la séparation, bien qu'exécutée dans les formes prescrites par la loi, lorsqu'elle a eu lieu en fraude de leurs droits. Les créanciers du mari sont comme tels ses ayants-cause ; ils sont représentés par lui en justice, et, sous ce rapport, ils sont liés comme tout ayant-cause par le jugement rendu régulièrement contre leur débiteur. Mais, en vertu de l'art. 1167, les créanciers peuvent attaquer tous les actes de leur débiteur faits en *fraude* de leurs droits ; l'art. 1167 ne distingue pas entre les jugements et les contrats. L'art. 875 du Code de procédure, en accordant aux créanciers du mari la tierce-opposition, n'est donc qu'un cas d'application de l'art. 1167 ; seulement il déroge au droit commun en ce que si les formalités prescrites (au chap. 8 du Code de procédure sur les séparations de biens) ont été observées, le droit d'agir par la tierce-opposition est renfermé dans le délai d'une année, tandis que si les formalités n'ont pas été remplies, le droit se prolongera pendant trente ans, délai ordinaire des actions. Or, si l'art. 875 contient une dérogation au droit commun, il faut lui donner une interprétation restrictive. Les créanciers pourraient attaquer pendant trente ans le jugement qui statueroit sur la liquidation des reprises de la femme : ici les principes ordinaires recouvrent leur empire, et, lors même que la liquidation aurait été faite par le même jugement qui a prononcé la séparation, les créanciers néanmoins auraient trente ans pour attaquer la partie du dispositif du jugement relative à la liquidation. D'ailleurs, dans la pratique, il est rare que le jugement qui prononce la séparation prononce en même temps sur la liquidation. On comprend que le jugement de séparation modifiant les pouvoirs du mari, il importe que ce jugement attributif de capacité ne puisse pas être longtemps contesté, parce qu'il en résulte une grande incertitude sur la situation respective des époux. Mais ces raisons ne pourraient s'étendre à la liquidation des reprises de la femme.

La publicité du jugement dans les formes prescrites par les art. 1445 et 872 est la condition de la validité de l'exécution qui serait nulle, bien qu'elle eût été exécutée dans la quinzaine de la prononciation du jugement. Le jugement serait pareillement nul si dans la quinzaine de la prononciation il n'y avait eu exécution selon la disposition de l'art. 1444.

La femme aura réellement commencé l'exécution du jugement de séparation dans la quinzaine de sa prononciation lorsqu'elle l'aura fait signifier au mari, avec sommation de se présenter chez un notaire pour procéder avec elle à la liquidation de ses reprises. Quant à la continuation des poursuites sans interruption, c'est une question de fait que les tribunaux résoudront souverainement.

Lorsque la femme n'a pas fait exécuter le jugement de séparation dans la quinzaine de sa prononciation, les créanciers du mari peuvent opposer la nullité de ce jugement. Le mari pourra aussi opposer la nullité de ce jugement qui n'a pas été exécuté contre lui dans les délais voulus. L'art. 1444 dispose en termes généraux que le jugement est nul et, en outre, le mari a intérêt à opposer cette nullité, car il ne faut que l'incertitude sur ses pouvoirs et sur sa position puisse être prolongée par la femme indéfiniment. Au contraire, il n'y a aucune raison pour admettre que la femme puisse invoquer la nullité du jugement. La nullité dont il s'agit peut être opposée pendant trente ans, mais si le mari avait reconnu le jugement de séparation bien que non exécuté dans la quinzaine, en autorisant sa femme comme séparée de biens, ou s'il avait laissé exécuter le jugement après le délai de quinzaine, la nullité serait couverte.

DE L'EFFET DE LA SÉPARATION DE BIENS.

Le jugement de séparation de biens remonte, à l'égard des époux, et à l'égard des tiers, au jour de la demande. Donc, si la femme a une succession mobilière dans l'intervalle de sa demande au jugement, elle ne tombe pas dans sa communauté, les dettes contractées par le mari n'obligent pas la communauté, les actes d'aliénation faits par le mari des objets appartenant à la communauté ne peuvent valoir par rapport à la femme, les fruits et les intérêts des biens propres de la femme depuis l'introduction de la demande, doivent lui être restitués ; en un mot, toutes les conséquences de la séparation, en la faisant rétroagir au jour de la demande, doivent être appliquées, si ce n'est que le mari, comme associé gérant, conserve le droit d'administrer les biens communs.

Je n'exposerai pas dans tous les détails le régime de séparation de biens ; je m'expliquerai seulement sur deux questions controversées : la femme peut-elle aliéner le mobilier à titre onéreux sans distinction, ou seulement lorsque l'aliénation du mobilier est un acte d'administration ? L'art. 1449 ne fait pas de distinction et attribue formellement à la femme le pouvoir d'aliéner le mobilier. Je crois que cet article contient la présomption que tout acte d'aliénation du mobilier est un acte d'administration, car il serait très difficile en pratique aux tiers qui achèteraient de la femme de savoir si elle fait ou non un acte d'administration, mais la femme ne pourrait pas aliéner le mobilier à titre gratuit.

La femme ne peut pas s'obliger même jusqu'à concurrence du mobilier, parce que le pouvoir d'aliéner ne contient pas le pouvoir de s'obliger. L'article 1449 lui donne le pouvoir d'aliéner le mobilier, il ne lui donne pas le pouvoir de s'obliger. Nous ne pouvons pas arriver à ce résultat par voie de déduction, puisque la seconde faculté n'est pas contenue dans la première, et que la loi du raisonnement déductif, est que la conclusion soit contenue dans la majeure. Mais si la femme contracte des engagements relatifs à l'administration de son patrimoine, ces engagements seront valables ; c'est une conséquence forcée du pouvoir qu'elle a d'administrer. Seulement, quand elle s'oblige, elle n'est pas, comme quand elle aliène son mobilier, réputée faire acte d'administration dans tous les cas.

Quand la femme séparée a contracté un engagement valable

pour l'administration de son patrimoine, elle peut être poursuivie même pendant le mariage sur tous ses biens, meubles et immeubles.

DE L'ACCEPTATION DE LA COMMUNAUTÉ ET DE LA RENONCIATION QUI PEUT Y ÊTRE FAITE AVEC LES CONDITIONS QUI Y SONT RELATIVES.

« Après le trépas de l'un desdits conjoints, dit l'article 239 de la Coutume de Paris, les biens se divisent en telle manière que la moitié en appartient au survivant et l'autre moitié aux héritiers du trépassé. » Ce droit de moitié n'a pas toujours été pour la femme un droit de communauté, mais bien un gain de survie, un droit de veuve, ainsi que cela est constant d'après les lois barbares. De telle sorte que si la femme prédécédait, ses héritiers ne pouvaient prétendre aucun droit; le droit de la veuve noble était aussi un gain de survie; mais l'introduction des principes de la communauté dans le mariage des nobles, comme dans le mariage des roturiers, a dû modifier le droit barbare et le droit féodal, et arriver à faire reconnaître à la femme un véritable droit de communauté, au moins à la dissolution du mariage, puisque l'exagération de la puissance maritale empêchait la communauté d'exister pendant le mariage. Aussi, Loisel dit-il, dans ses Instilutes coutumières : « Mari et femme sont communs en tous biens meubles et immeubles, au lieu que jadis elle n'y prenait que le tiers. »

La femme et ses héritiers ont le choix d'accepter la communauté ou d'y renoncer. Les femmes non nobles n'ont pas toujours eu le droit de renoncer à la communauté, c'est ce qui résulte de l'article 145 de l'ancienne Coutume de Paris, qui s'exprime ainsi : « Il est loisible à une noble femme, extraite de noble lignée et vivant noblement, de renoncer, si bon lui semble, après le trépas de son mari à la communauté. » Depuis, la jurisprudence des arrêts a étendu ce droit de renoncer à la communauté à toutes les femmes nobles ou non nobles, et elle l'a même étendu à leurs héritiers, par arrêt du 15 avril 1867. On prétend que l'origine du droit qu'ont les femmes de renoncer vient du temps des croisades, et qu'il fut accordé aux veuves des gentilshommes qui contractaient en ce temps des dettes considérables pour leurs voyages d'outre-mer.

Il n'était pas douteux, au temps de Pothier, et il n'est pas douteux aujourd'hui que la femme pourrait renoncer à la communauté lorsqu'elle a été dissoute par une sentence de séparation. La femme ne peut, par aucune clause se dépouiller de sa faculté de renoncer, mais elle peut, par le contrat de mariage, se dépouiller de la faculté d'accepter, comme lorsqu'il est convenu que la femme ou ses héritiers ne pourront prétendre pour tout droit de communauté qu'une certaine somme.

La femme, autrefois, était déchue de tout droit à la communauté, lorsqu'elle était convaincue d'adultère ou lorsqu'elle avait refusé de cohabiter avec son mari qui lui avait fait des sommations réitérées. Ces peines salutaires n'existent plus aujourd'hui.

L'acceptation de la communauté peut avoir lieu expressément ou tacitement; les principes relatifs à l'acceptation d'une succession sont, en général, également applicables à l'acceptation d'une communauté de biens entre époux. La renonciation doit se faire au greffe sur le registre où se font les renonciations aux successions.

Si la communauté est dissoute par la séparation de corps ou par la séparation de biens, la possession des effets communs restant au mari, la femme n'est pas présumée acceptante, elle est même censée renoncer, si elle n'accepte pas dans les trois mois et quarante jours après sa séparation définitivement prononcée, à moins qu'avant l'expiration de ce délai elle n'en ait obtenu la prorogation en justice, contradictoirement avec le mari ou elle dûment appelée. Il est bon de remarquer qu'ici l'inventaire n'est pas une condition de la renonciation : la femme n'est pas en possession. Lorsque la femme a accepté expressément ou tacitement, il ne lui est plus alors loisible de renoncer; et la renonciation qu'elle ferait serait nulle tant vis à vis les héritiers de son mari que vis à vis les créanciers de la communauté, envers lesquels elle serait condamnée à payer sa part de dettes, mais sous le bénéfice de l'article 1483 à moins qu'elle n'eût pas fait bon et fidèle inventaire. La femme pourrait se faire restituer contre son acceptation, si le mari, ses héritiers, ou ses créanciers avaient employé le dol ou la violence pour la déterminer à accepter.

Si la femme a accepté la communauté en fraude de ses créanciers, pour décharger les héritiers du mari de la reprise de son apport stipulée dans le contrat de mariage pour le cas de renonciation, les créanciers de la femme pourront faire déclarer nulle et frauduleuse l'acceptation qu'elle aura faite. La femme pourra encore se faire restituer contre son acceptation, si elle est mineure et que les formalités prescrites pour l'acceptation d'une succession échue à un mineur n'aient pas été observées.

Ce que nous venons de dire de l'irrévocabilité de l'acceptation de la communauté et des exceptions à cette irrévocabilité, s'applique aussi à la renonciation qui en est faite par la femme ou ses héritiers.

Lorsque le mariage se dissout par la mort du mari et non par la séparation de corps et de biens, la femme, qui dans la seconde hypothèse n'a qu'un délai de trois mois et quarante jours pour accepter, peut, dans la première, accepter pendant trente ans. Bien plus, la possession de la veuve survivante fait présumer son acceptation jusqu'à renonciation formelle.

Nous avons vu qu'au cas de séparation de corps ou de biens, la renonciation se présume, parce que le mari possède les biens ; au contraire, au cas de prédécès du mari, la renonciation ne se présume pas, parce que la femme possède les biens communs, et elle n'a même que le délai de trois mois, à dater de la dissolution de la communauté, pour renoncer. Si elle ne renonce pas dans les trois mois, elle est déchue sans retour de la faculté de renoncer, à moins qu'elle n'ait fait faire, dans les trois mois, un inventaire fidèle et exact contradictoirement avec les héritiers du mari, ou qu'elle n'ait obtenu contradictoirement avec les héritiers du mari une prorogation de délai. En un mot, l'inventaire, dans les trois mois, est la condition de la renonciation faite après les trois mois.

Lorsque la femme a fait inventaire avant l'expiration des

trois mois, elle conserve indéfiniment la faculté de renoncer, tant qu'elle n'a pas fait acte de commune, ou tant qu'il n'a pas été rendu contre elle un jugement passé en force de chose jugée qui la condamne en qualité de commune. Elle est obligée sans doute par suite de ce jugement envers le créancier qui a obtenu la condamnation ; mais elle n'est pas commune à l'égard des autres créanciers auxquels elle peut opposer la renonciation, d'après ce principe qu'un jugement ne peut acquérir de droits qu'à la partie qui l'a obtenu. La femme a un délai de quarante jours pour délibérer, à compter de la clôture définitive de l'inventaire. Elle peut, jusqu'à l'expiration des quarante jours, repousser par l'exception dilatoire les créanciers qui la poursuivent, et les frais faits pour produire cette exception ne sont pas à sa charge. Si elle est poursuivie après les quarante jours, elle peut renoncer sans doute, mais en supportant les frais faits contre elle jusqu'à sa renonciation.

Si la veuve qui avait d'abord survécu vient ensuite à mourir avant l'expiration des trois mois sans avoir pris qualité, ses héritiers auront trois mois pour faire inventaire et quarante jours pour délibérer à dater de son décès. Mais si la veuve meurt ayant fait l'inventaire dans les trois mois, mais étant encore dans les délais pour délibérer, ses héritiers auront un nouveau délai de quarante jours à dater de son décès. Il y a plus ; comme ils ont trois mois et quarante jours pour faire l'inventaire de sa succession, dans laquelle la communauté est comprise et pour délibérer, on ne peut les forcer à accepter ou répudier la communauté avant ce délai, car ce serait accepter la succession tout entière, ce serait un acte d'héritier ; mais aussitôt que l'inventaire sera terminé, s'il l'est avant les trois mois, ou que l'action d'hérédité aura eu lieu, le délai de quarante jours pour l'acceptation ou la répudiation de la communauté courra.

Le divertissement ou le recel emportent pour la femme, ainsi que pour ses héritiers, déchéance de la faculté de renoncer.

Une disposition conforme au principe général de 1467, autorise les créanciers de la femme renonçante à faire annuler la renonciation faite en fraude de leurs droits jusqu'à concurrence de leurs prétentions. Le seul douaire qui reste aujourd'hui à la femme, c'est le droit jusqu'à l'expiration du délai pour faire inventaire et délibérer, de prendre sa nourriture, celle de ses enfants communs et de ses domestiques au compte de la masse commune. Quant au logement, la veuve ne doit point de loyer si la maison qu'elle habite dépend de la communauté, ou si elle est propre aux héritiers du mari; mais si la maison était tenue à loyer par les époux, le loyer en est pris sur la masse.

La loi a aussi conservé à la veuve une créance particulière que Pothier reconnaît à la veuve contre la succession du mari. Les héritiers du mari doivent tenir compte à la femme sur les biens personnels de ce dernier des frais de son deuil et de celui de ses domestiques. Le deuil est dû à la femme, soit qu'elle accepte la communauté ou qu'elle y renonce. Ce deuil doit être déterminé d'après l'état et les facultés du défunt.

DU PARTAGE DE L'ACTIF DE LA COMMUNAUTÉ.

L'acceptation que la femme ou les héritiers font de la communauté a un effet rétroactif au temps de la dissolution de communauté. La femme ou ses héritiers ont donc depuis la dissolution la copropriété indivise de tous les biens dont la communauté se trouvait alors composée. Tous les fruits qui ont été perçus depuis ce temps, et tout ce qui est provenu du fonds commun, doivent être partagés par moitié. Les pouvoirs du mari s'éteignent avec la communauté, et toute constitution de droits réels faite après la dissolution serait nulle.

Avant le partage, il faut faire un acte de liquidation qui contienne un état des différentes reprises et créances que chacune des parties a à exercer contre la communauté, et des différentes dettes et récompenses dont chacun des conjoints est débiteur envers la communauté. On doit balancer, dit Pothier, le total des créances que chacun des conjoints a contre la communauté, avec le total des dettes dont il est débiteur envers elle, et déclarer chacun des conjoints ou créancier de la communauté pour la somme dont le total de ses créances excède le total de ses dettes, ou débiteur envers la communauté de la somme dont le total de ses dettes excède le total de ses créances. L'époux débiteur fait le rapport réel ou fictif de ce qu'il doit à la communauté, et l'époux créancier a le droit de prélever ce qui lui est dû sur la masse. La femme ou ses héritiers doivent prélever avant le mari la somme à laquelle, par suite de la liquidation, se trouvent monter leurs reprises. Il leur est permis de s'attribuer, 1° l'argent comptant, 2° le mobilier, 5° les immeubles à leur choix. Si les biens de la communauté ne suffisent pas pour remplir la femme de ses reprises, elle est autorisée à les exercer sur les biens personnels du mari. Le mari, au contraire, ne peut exercer les siennes que sur les biens de la communauté. Les héritiers de la femme ont les mêmes droits qu'elle.

S'il n'y a dans la communauté que de l'argent et des meubles, comme l'hypothèque légale de la femme ne saurait s'étendre sur les meubles, et qu'après tout elle n'est point privilégiée, elle vient seulement en concours avec les autres créanciers de la communauté, qui peuvent empêcher que l'attribution de l'argent comptant et des meubles n'ait lieu au profit de la femme, en faisant opposition entre les mains du mari, ou bien en faisant une saisie pour arriver, dans les deux cas, à une distribution par contribution. Mais s'il y a des immeubles conquêts, quel sera l'effet de l'hypothèque légale de la femme? D'abord, si le mari a aliéné les immeubles conquêts de communauté, et que le tiers acheteur n'ait pas rempli les formalités pour la purge de l'hypothèque légale de la femme, néanmoins, la femme créancière de la communauté n'a aucun droit hypothécaire sur ces immeubles, sans distinguer si elle accepte la communauté ou si elle y renonce. La raison, c'est que le mari a reçu mandat de la femme pour aliéner les biens communs (1421). Si la femme avait une hypothèque sur les immeubles de la communauté, les pouvoirs de l'administration maritale se trouveraient paralysés, mais lorsque la communauté se dissout, le mandat du mari expire. Sans aucun doute, les droits réels d'hypothèque ou autres, qu'il aurait constitués pendant la communauté, seraient valables, puisque, d'après l'article 1421, il peut aliéner, hypothéquer les immeubles communs ; mais s'il y a des conquêts immeubles au moment de la dissolution de la communauté, à ce moment l'hypothèque légale de la femme les frappe dans les limites de la portion indivise du mari dans la propriété de ces immeubles. La femme primera donc jusqu'à concurrence de cette hypothèque les créanciers chirographaires, mais quant aux hypothèques conventionnelles qui ont été constituées durant la communauté par le mari, elles primeraient l'hypothèque légale de la femme dont la cause serait même antérieure à leur inscription.

C'est une conséquence forcée de ce que le mari a un mandat tacite de sa femme pour hypothéquer les biens de la communauté, lequel mandat persiste jusqu'à la dissolution de la communauté. J'ai raisonné jusqu'à présent dans l'hypothèse où les époux ou leurs héritiers ont fait le prélèvement de leurs créances contre la communauté avant le partage ; mais il est possible que les parties aient partagé les biens de la communauté sans avoir prélevé préalablement sur la masse les sommes dont chacune d'elles était créancière de la communauté. Pothier le suppose sans concevoir même la possibilité d'une controverse sur ce point, et il examine comment les parties doivent se faire raison dans ce cas des créances qu'elles ont contre la communauté, et des sommes dont elles sont débitrices envers elle. Je ne vois rien dans le Code qui répugne à ce qu'on procède de cette manière. La marche tracée par les art. 1470 et 1471 est purement facultative. Il n'y a aucune raison qui commande le prélèvement préalable des créances des époux contre la communauté, pourvu qu'en donnant l'antériorité au partage on arrive au même résultat ; et Pothier démontre par une série d'espèces comment on peut et on doit maintenir l'équation entre les deux procédés. Mais une question qu'il n'examine pas, c'est celle de savoir si la priorité donnée au partage ne peut pas étendre ou restreindre l'hypothèque légale de la femme sur les biens du mari. Si on commence par le partage et qu'un immeuble entier de la communauté tombe dans le lot du mari, l'hypothèque légale de la femme qui a des reprises à exercer le couvrira dans sa totalité, comme les biens personnels du mari. Ainsi le veulent les principes du partage déclaratif. (Toutefois nous n'en tirerions jamais cette conséquence que l'hypothèque légale de la femme, quelle que fût la date de sa créance, périmerait les hypothèques conventionnelles que le mari aurait constituées pendant la communauté en vertu d'un mandat tacite qui résulte de l'acceptation de ce régime. La rétroactivité qu'on accorde au partage ne peut pas faire que le mandat n'ait pas existé.) Si au contraire il y a antériorité des prélèvements sur le partage, la femme qui se trouve en concours avec les créanciers chirographaires de la communauté, ne pourra faire valoir son hypothèque sur les biens communs que jusqu'à concurrence de la moitié portion indivise du mari, tandis que le partage qui fera peut-être tomber dans le lot du mari une portion d'immeubles qui excédera la moitié, dilatera l'hypothèque légale de la femme sur toute l'étendue des immeubles attribués au mari, et qui sont censés lui avoir toujours appartenu sous la restriction indiquée plus haut. Donc les créanciers chirographaires de la communauté auxquels le partage peut nuire dans leur concours avec la femme, en attribuant au mari une portion d'immeubles plus considérable que sa part indivise, peuvent intervenir au partage pour empêcher qu'il ne soit fait en fraude de leurs droits, et même si leurs créances sont exigibles; ils pourront par une saisie empêcher que le partage ne soit fait à leur préjudice, car, d'après l'art. 686 de la loi du 2 juin 1841 sur les saisies immobilières, la partie saisie ne peut, à compter du jour de la transcription de la saisie, aliéner les immeubles saisis, et comme le partage, malgré la fiction de 883, est en réalité une aliénation, le partage ne pourrait pas être fait de manière à modifier en rien la position des créanciers saisissants. Mais lorsque le partage a eu lieu valablement, il me paraît certain que l'hypothèque légale frappe toute la fraction d'immeuble entrée dans le lot du mari. Si la femme renonce à la communauté, son hypothèque légale frappe sur les immeubles communs qui, par sa renonciation, deviennent personnels au mari, et qui se trouvent encore dans les mains du mari au moment de la dissolution de la communauté.

L'actif de la communauté se partage par moitié entre les deux époux, lors même que leurs apports auraient été inégaux, à moins qu'il n'y ait une stipulation contraire dans le contrat de mariage.

Lorsque la femme laisse plusieurs héritiers, le droit qu'elle a d'avoir moitié dans les biens de la communauté se divise de plein droit, de même que tous les autres droits divisibles de la succession entre les héritiers, lesquels y succèdent chacun pour leur part héréditaire. Mais si la femme a, par exemple, quatre héritiers, que trois renoncent, et qu'un seul accepte, cet acceptant aura-t-il en entier la moitié de la femme dans les biens de la communauté, ou n'aura-t-il que son quart de ladite moitié? Lebrun décide qu'il aura la moitié en entier. Pothier soutient avec raison la thèse contraire. En effet, bien que les héritiers renoncent à la communauté, ils ne renoncent pas à la succession, et l'héritier qui accepte n'est toujours héritier de la femme que pour un quart, donc il ne peut succéder que pour un quart du droit de la femme dans la communauté. Les parts auxquelles les cohéritiers ont renoncé doivent demeurer au mari *jure non decrescendi*, de la même manière que la part de la femme serait demeurée en entier au mari, si elle avait renoncé ou si tous ses héritiers avaient renoncé.

La loi, par l'art. 1476, renvoie au titre des successions pour ce qui concerne les formes, les effets du partage, la garantie, les licitations, les soultes, etc., etc.

DU PASSIF DE LA COMMUNAUTÉ.

§. COMMENT LES ÉPOUX SONT-ILS TENUS DES DETTES DE LA COMMUNAUTÉ ENVERS LES CRÉANCIERS APRÈS LA DISSOLUTION.

D'abord il est certain que le mari reste toujours débiteur pour le tout des dettes par lui contractées antérieurement au mariage, car la communauté de biens qu'il a formée n'a pu modifier les droits des créanciers envers lesquels il s'est obligé.

Il est aussi tenu pour le tout des dettes des successions qui lui sont échues avant ou pendant le mariage, car c'est la qualité d'héritier qui repose sur sa tête, qui le rend débiteur desdites dettes. La communauté est considérée par rapport à lui comme cessionnaire de la succession, mais la qualité d'héritier ne s'efface pas.

Le mari est tenu pour le tout des dettes *par lui* contractées pendant la communauté. Bacquet soutenait le contraire, en se fondant sur ce que la qualité de chef de la communauté s'évanouissant à sa dissolution, le mari n'était plus tenu que comme commun, et par conséquent pour moitié. Mais Pothier admettait que le mari était débiteur pour le total des dettes contractées pendant que durait la communauté, et le Code a reproduit cette dernière opinion.

Quant aux dettes que la femme a contractées avec l'autorisation du mari, le mari peut-il être poursuivi pour le tout après la dissolution de la communauté? On pourrait tirer un argument *à contrario* des mots « *par lui contractées* » qui se trouvent dans l'article 1484 et de la discussion. Le Tribunat demanda la suppression des mots *par lui contractées* pour donner sans doute à l'article un sens plus compréhensif. Le Conseil d'état ne tint pas compte de cette réclamation, et maintint la rédaction primitive; en outre, pourrait-on dire, les personnes qui contractent avec le mari considèrent en lui, en contractant, sa propre personne plus que sa qualité de commun; mais quand il autorise simplement la femme, il n'agit pas en son propre nom, il l'autorise en vertu des pouvoirs qu'il a, comme chef de la communauté. Malgré ces raisons de douter, je pense que le mari peut être poursuivi pour le tout pour les dettes que sa femme a contractées avec son autorisation. L'argument *à contrario* tiré des mots des mots de l'article 1484, *par lui contractées* s'explique très bien en le comparant à l'article 1485, qui suit. Si on avait supprimé ces mots, l'article 1484 aurait eu une extension qui l'aurait mis en contradiction avec l'article suivant. D'autre part, lorsque le mari est simplement autorisant, et qu'il ne contracte pas, les créanciers néanmoins suivent sa foi comme s'il contractait, car ils savent que toutes les dettes de la communauté deviennent personnelles au mari; c'est lui qu'ils considèrent comme leur obligé, et la dissolution de la communauté ne saurait changer le caractère que leur créance a eu en naissant; si le mari s'est obligé conjointement avec sa femme, sans aucune expression de solidité, il demeurera, après la dissolution de la communauté, débiteur pour le total envers le créancier, car il est tenu pour moitié comme obligé personnellement, et pour l'autre moitié, comme autorisant, d'après les principes que nous venons de poser. C'était, du reste, l'opinion de Pothier, par cette raison que lorsqu'on fait intervenir une femme à l'obligation du mari, on a pour but de procurer une plus grande sûreté au créancier, plutôt que de partager et de diminuer l'obligation du mari.

A l'égard des dettes de la femme, antérieures au mariage, ou qui procèdent de son chef comme celles des successions mobilières qui lui sont échues durant la communauté, c'était une question controversée de savoir si le mari continuait, après la dissolution de la communauté, d'en être débiteur pour le tout. Pothier pensait que le mari, n'en étant débiteur qu'en qualité de chef de la communauté, et cette qualité venant à se restreindre, par la dissolution de la communauté, à celle de commun pour moitié, ne devait plus demeurer débiteur que pour moitié envers les créanciers. Les rédacteurs du Code civil dans l'article 1485 ont reproduit l'opinion de Pothier.

Le mari est aussi tenu pour moitié des dettes de la femme antérieures au mariage, quand même elles seraient relatives à des immeubles propres à cette dernière.

L'art. 228 de la nouvelle Coutume de Paris, conforme à la Coutume d'Orléans, détermine ainsi les limites de l'obligation de la femme à l'égard des créanciers de la communauté. « Le mari ne peut, par contrat et obligation faite avant ou durant le mariage, obliger sa femme sans son consentement, plus avant que jusqu'à la concurrence de ce qu'elle, ou ses héritiers amendent de la communauté, pourvu toutefois qu'après le décès de l'un des conjoints, soit fait loyal inventaire, et qu'il n'y ait fraude ni faute de la part de la femme ou de ses héritiers. » L'art. 1485 reproduit la théorie de la Coutume de Paris ; la femme qui a fait faire un inventaire fidèle et exact, ne peut être poursuivie par les créanciers de la communauté que jusqu'à concurrence de son émolument. Le privilége accordé à la femme diffère du bénéfice d'inventaire, en ce que le bénéfice d'inventaire donne aux héritiers le droit de n'être pas tenus sur leurs biens propres, tandis que la femme qui a accepté la communauté est tenue sur ses propres biens des dettes de la communauté jusqu'à concurrence de son émolument. Ce principe, clairement établi au n° 737 de Pothier, entraîne certaines conséquences : 1° de ce que la femme est personnellement débitrice (art. 1483), et que la dette naît au jour du partage, il en résulte que la dette est déterminée par la valeur de l'émolument au jour du partage, et que les détériorations ou augmentations que sa part dans la communauté pourrait subir ultérieurement, ne sauraient modifier le droit des créanciers. En effet, leur dette n'affecte pas, comme par une sorte d'assignat, les biens de la communauté échus à la femme. Il y a confusion du patrimoine propre de la femme et de sa moitié de communauté ; il est donc clair que les objets tombés dans son lot sont à ses risques. 2° Les créanciers ne peuvent pas exiger que la femme leur abandonne les immeubles tombés dans son lot. La femme n'a pas simplement l'administration de ces biens, elle en a la propriété complète et irrévocable. 3° La femme peut comme un débiteur ordinaire, aliéner les biens tombés dans son lot, sans se plier aux formalités prescrites à l'héritier bénéficiaire. 4° La femme ne peut pas, comme le décide à tort Pothier au n° 747, abandonner en nature aux créanciers les héritages immobiliers qui forment son lot, en tenant compte des dégradations qui procéderaient de son fait. Toutes ces conséquences me paraissent découler rigoureusement du principe admis par l'art. 1483, à savoir que la femme est personnellement débitrice, bien que cette dette personnelle soit renfermée dans certaines limites. Il n'y a pas unité parfaite de doctrine sur ce point dans Pothier.

Pour déterminer l'émolument de la communauté qui sert de mesure à l'obligation de la femme, il faut faire un chapitre de recette, c'est-à-dire un chapitre de tous les effets de la communauté que la femme a eus par le partage, tant pour sa part qu'à titre de préciput, et un chapitre des déductions qui doivent lui être faites, parce qu'elle se trouve créancière de la communauté pour ses reprises. Lorsqu'après la balance du chapitre de recette et du chapitre de déduction il reste quelque chose que la femme a amendé effectivement des biens de la communauté, elle doit en faire raison au créancier.

Du reste, les créanciers ne sont pas tenus de se contenter du prix d'estimation fixé par l'inventaire, ils peuvent provoquer une estimation contradictoire.

Le bénéfice accordé à la femme par l'art. 1483 reçoit quelques exceptions. La femme ne peut opposer ce bénéfice à un créancier envers lequel elle s'est obligée conjointement avec son mari, ni à un créancier envers lequel elle s'est obligée seule avec l'autorisation du mari, ni à un créancier envers lequel elle s'est obligée solidairement avec son mari, ni lorsqu'elle a contracté dans le cas exceptionnel prévu par l'art. 1427. Les dettes mobilières que la femme avait au moment de la célébration du mariage, et les dettes mobilières ou immobilières dont se trouvaient grevées les successions mobilières qui lui sont échues durant la communauté peuvent aussi être poursuivies pour le tout contre la femme après sa dissolution.

Lorsque l'un des époux, d'après les règles que nous venons de poser, ne serait tenu que pour moitié d'une dette commune, il pourra cependant être poursuivi pour la totalité, lorsqu'il se trouvera détenteur d'immeubles qui proviennent de la communauté, et qui sont affectés par une hypothèque.

COMMENT LES ÉPOUX DOIVENT CONTRIBUER ENTRE EUX AU PAYEMENT DES DETTES COMMUNES.

Les conjoints n'étant tenus entre eux des dettes de la communauté, que chacun pour moitié, et même la femme n'étant tenue pour cette moitié que jusqu'à concurrence de son émolument, il suit de là que chacun des conjoints a un recours d'indemnité contre l'autre pour être remboursé de ce qu'il a payé de plus qu'il n'en devait porter. Il en est ainsi lors même que l'époux était débiteur du total envers le créancier; mais, si le conjoint qui a payé une dette intégralement devait récompense à la communauté à raison de cette dette, elle restera exclusivement à sa charge.

Pour que la contribution de la femme, dans ses rapports avec

le mari, soit limitée à son émolument, il faut qu'elle ait fait faire
un inventaire. Cependant Pothier admet (n° 745) que le mari ne
pourrait désavouer un acte de partage auquel il aurait été partie,
et que la femme pourrait justifier ainsi de la consistance de son
émolument.

Le bénéfice que l'art. 1485 accorde à la femme existe vis-à-
vis des héritiers du mari, à l'égard de toutes les dettes de la
communauté indistinctement, aussi bien à l'égard de celles qui
procèdent de son chef, qu'à l'égard de celles que le mari a contractées, tandis qu'à l'égard des créanciers, la femme ne peut
invoquer le privilége de 1485, qu'autant qu'elle n'est tenue
qu'en qualité de commune.

DE LA RENONCIATION A LA COMMUNAUTÉ ET DE SES EFFETS.

La renonciation de la femme à la communauté se faisait autrefois lors des obsèques du mari, avec certaines cérémonies.
Après que le corps du mari avait été mis dans la fosse, la veuve,
en signe de sa renonciation à la communauté, se déceignait, et
jetait sur la fosse la bourse et les clefs qu'elle avait pendues à
sa ceinture. Cette renonciation symbolique a été remplacée par
une déclaration au greffe. Il y avait dans les Coutumes une grande
diversité sur l'époque à laquelle la renonciation devait se faire.
Nous nous sommes expliqués sur ce point sous la rubrique de
l'acceptation de la communauté.

La femme ou ses héritiers, en renonçant à la communauté,
perdent toute espèce de droits sur les biens dont la communauté
se trouve composée au moment de sa dissolution. Ils doivent
récompense à la communauté de tout ce qui en a été tiré pour
les affaires particulières de la femme. Ils sont déchargés de toutes les dettes de la communauté, même à l'égard des créanciers,
au moins lorsque la femme n'est pas obligée en son propre nom;
car si la dette de la communauté procède de son chef, ou qu'elle
s'y soit obligée en son propre nom, alors la femme ou ses héritiers sont tenus envers les créanciers; mais lorsque la femme est
poursuivie à raison d'une dette de cette nature, elle a un recours

en indemnité contre le mari à raison de ce qu'elle est obligée de payer.

La femme renonçante conserve le droit d'exercer toutes les reprises qu'elle eût été fondée à exercer en cas d'acceptation ; mais elle n'a aucun droit au préciput, à moins qu'il n'eût été stipulé même au cas de renonciation.

Le Code permet à la femme de retirer le linge et hardes à son usage, ce qui doit s'entendre de toute sa garde-robe. Les Coutumes, en général, traitaient la femme plus sévèrement : ainsi, selon certaines Coutumes, on devait lui laisser une robe avec les accessoires d'un habillement complet, car *non debet adire nuda.* La Coutume la plus libérale est celle de Tours, qui permettait à la femme de prendre un lit garni, ses Heures et patenôtres, une de ses meilleures robes, et l'autre moyenne, tant d'hiver que d'été. La femme renonçante doit aussi être acquittée par la succession de son mari des frais de l'inventaire quoique fait à la requête de la femme. Lebrun lui en faisait porter moitié, mais Pothier pense que c'est une erreur.

Toutes les règles qui viennent d'être développées s'appliquent aux héritiers de la femme sous les deux exceptions de l'art. 1495.

DISPOSITION RELATIVE A LA COMMUNAUTÉ LÉGALE LORSQUE L'UN DES ÉPOUX OU TOUS DEUX ONT DES ENFANTS DE PRÉCÉDENTS MARIAGES.

L'établissement de la communauté qui entraîne la confusion du mobilier, des dettes, des revenus et des travaux des époux peut produire un avantage pour l'un et un préjudice pour l'autre. Mais cet avantage n'est point imputable sur la quotité disponible. La loi accorde exceptionnellement aux enfants d'un premier lit l'action en retranchement, si de la confusion du mobilier et des dettes, il résulte un avantage supérieur à celui qui est autorisé par l'art. 1098. La confusion des travaux et des revenus ne peut jamais constituer, même à l'égard des enfants d'un premier lit, un avantage réductible.

— 59 —

QUESTIONS.

I. Le droit d'un associé dans une société civile propriétaire d'immeubles tombe-t-il dans la communauté?

II. Les immeubles donnés pendant le mariage aux deux époux conjointement tombent-ils dans la communauté?

III. Lorsqu'un usufruit ou une rente viagère propres à l'un des époux ont été transformés pendant le mariage en un droit perpétuel, faut-il distinguer, pour calculer la récompense, si la communauté se dissout ou non par la mort de l'époux qui était originairement propriétaire de la rente ou de l'usufruit?

IV. En sens inverse, lorsqu'un droit perpétuel propre à l'un des époux a été transformé en un droit viager, faut-il distinguer si la communauté se dissout ou non par la mort de l'époux sur la tête duquel repose le droit viager au moment de la dissolution?

V. La femme a-t-elle une hypothèque légale sur les conquêts de la communauté?

VI. Doit-on faire les prélèvements déterminés par l'art. 1470 avant le partage de la communauté, ou bien peut-on donner l'antériorité au partage? En un mot, la marche tracée par les art. 1470 et 1474 est-elle obligatoire?

VII. Le mari peut-il aliéner les meubles propres de la femme?

VIII. La communauté est-elle tenue des délits et quasi-délits du mari, et des réparations civiles qui peuvent en être la suite? faut-il argumenter *à pari* ou *à contrario* de l'art. 1424?

JUS ROMANUM.

DE USUFRUCTU ET QUEMADMODUM QUIS UTATUR-FRUATUR.
(Lib. 7, tit. 1.)

I. Jus amplissimum quod in re habeat homo est dominium, scilicet jus utendi-fruendi et abutendi. Sed dominium diversis modis definitur et secatur. Vel sunt complures domini communes, vel variæ dominii qualitates dividuntur, ut alter alteram et non unus omnes absumat. Quum divisio ea est ut personæ sit jus utendi-fruendi per aliquot tempus et postea detracta facultas proprietario redire debeat usumfructum exstare dicitur.

Omne jus est incorporeum sive dominii, sive ususfructus, sive servitutis. Nunquam tamen in scientia juris dominium in rebus incorporeis numeratur. Non reperiatis jus dominii, velut jus utendi, jus fruendi, sed dominium, et ea est verbi consequentia, ut jus dominio exhaustum et omissa semper juris et dominii conjunctione in lingua solita, dominium in re sedens apparuit ut res corporea, et jus, utendi, fruendi, jus servitutis, incorporeum. Inde sequitur dominium possideri posse, non usumfructum, quia nec intelligitur possideri jus incorporale. Alia est, quam postea deducam, consequentia de traditione.

II. Videamus nunc quomodo ususfructus constituitur ex rebus incorporeis. Solummodo servitutes prædiorum rusticorum quæ sunt res mancipi, mancipatione constitui queunt. Ususfructus res nec mancipi, non mancipari potest. Non valet etiam traditio ususfructus, quia incorporales res non traditionem recipiunt, et ususfructus non sicut dominium actione juris gentium, sed tantum civili modo transfertur. Dubium est an traditio ususfructus valeret, ut saltém usucapionis principium; ita esse videtur, quia, ait Paulus (tertio titulo *de stipulationibus et usurpationibus*) legèm Scriboniam sustulisse eam usucapionem qua servitutes constituebantur. Ergo, ante legem Scriboniam, traditi ususfructus usucapio vigebat. Ususfructus potest constitui in jure cessione, et legatis per vindicationem. Constituitur etiam ususfructus et in judicio familiæ erciscundæ, vel communi dividundo, si judex alii proprietatem adjudicaverit, alii usumfructum, sed judicio legitimo, non judicio imperio continenti.

III. Potest dominus deducere usumfructum, et dominium dare alteri. Quin etiam, quamvis non mancipare usumfructum queat, licet tamen in mancipanda proprietate detrahere sibi usumfructum. Valde deducitur ususfructus in jure cessione, et in legatis, sed in re nec mancipi per traditionem deduci non potest.

IV. Ad diem et ad conditionem, ususfructus in jure cedi, legari, et officio judicis constitui potest. Ex certo tempore, vel ex conditione *legato* transferri posse non dubium est, sed quæstio est inter jurisperitos an item transferri possit in jure cessione et adjudicatione. Negat Paulus, quia nulla legis actio prodita est de futuro, et cessio in jure est imago actionis legis sacramenti. Adjudicatione, ex certo tempore, vel ex conditione dari posse ueumfructum Ulpianus ait, sed quod verum non videtur, quia de jure præsenti non de futuro judex cognoscit.

V. Detrahi potest ususfructus, quum legatur, ex die, ex conditione, ad diem, ad conditionem. Sed in mancipatione, vel in jure cessione an deduci possit dubium est; Pomponius negat, *Paulus ad certum tempus solummodò, vel ad conditionem*, putat. Hic nunc addere utile est, non ex natura ususfructus impedimenta venire, sed ex eo quod actus legitimi modos necessarios habebant.

VI. Constitutus semel ususfructus actione in rem defenditur. Est actio in rem confessoria de usufructu, quæ usufructuario competit, et actio in rem negatoria, domino. Quum legis actiones valerent, sacramento agebatur, postea per sponsionem et formulam petitoriam. In sponsione defensor debebat satisdare pro præde litis et vindiciarum, et altero modo, judicatum solvi; quod nisi faceret, prætor dabat interdictum, *quem usumfructum*, quo cogebatur possessionem petitori restituere. Postremus modus per formulam petitoriam est actio arbitraria.

VII. Pauca dicam de prædiis provincialibus. In solo provinciali dominium populi romani est vel Cæsaris, et nullum est dominium privatum. Tamen Gaius contra dixit verbis multum litigatis usumfructum et servitutes provinciales pactis et stipulationibus constitui posse. Hæc intelligere sic debemus, non stipulationibus et pactis usumfructum partem dominii transferri posse, quum non dominium istis modis transferri possit, sed pactum et stipulationem de usufructu constituto valere, ita ut, si quis stipulaverit, et contra stipulationem agat, actione ex stipulatu eum stipulator insequi possit. Non ergo jus in rem, sed jus in personam stipulationibus et pactis transmittitur. Ususfructus solummodo modis supra dictis et definitis constituitur. Sed actus juris civilis in solo provinciali non adhiberi poterant : jus prætorium juris civilis lacunam explevit. Possessio juris, quasi possessio ususfructus introducta fuit, et inde interdicta uti possidetis, utrubi, unde vi utilia, usufructuarium provinciæ tuebantur.

VIII. Quanquam non traditione transferri possit ususfructus, tamen tuitione prætoris usufructuarius actionem publicianam habebit, favore nondum perfectæ usucapionis introductam, tametsi lex Scribonia ususfructus usucapionem impediat. Quoties in Digestis reperitur traditio ususfructus, non valet nisi tuitione prætoris, sive transferatur, sive deducatur.

IX. Nunc de natura ususfructus. Ususfructus est jus alienis rebus utendi-fruendi, salva rerum substantia. Multum variatur de verborum significatione *salva rerum substantia*. Videntur mihi prohibere usumfructum rerum quæ usu consumuntur. Nempe senatusconsultum quod permisit usumfructum constituere de rebus quæ usu consumuntur, non adhuc tempore Ciceronis exstabat, et sub Tiberio reperimus, unde regnante Augusto emissum solummodo fuit.

X. Modicæ refectiones ad usufructuarium pertinent, ut puta stipendium, vel tributum, vel solarium. Satisdare usufructuarius *in jure* debet si non negat alter, et *in judicio* si actionem confessoriam adhibere cogitur. Quamvis nudus dominus ex lege Aquilia agere possit, tamen utilis satisdatio, quia non adhibetur legis Aquiliæ actio nisi propter corporale damnum. Fructuarius debet quod suo suorumque facto deterius evenerit, et non est absolvendus, licet usumfructum derelinquere paratus sit. Debet enim omne quod diligens paterfamilias in ipsa domo facit et ipse facere.

XI. Fructus fiunt fructuarii, quum ab eo percipiantur. Si ab alio terra separantur, ita si fur decerpserit, magis proprietario conditio furtiva competit, sed actio furti quæ datur huic qui damnum patitur, usufructuario erit. Quo casu non pendet dominium, sed proprietario inhæret.

Si fundi ususfructus legatus, vel alio modo constitutus, non solum quidquid in superficie nascitur, sed si lapidicinas vel cretifodinas habeat, cunctis his frui debere fructuarium Sabinus ait, si quidem et permittitur meliorare proprietatem. Principium est in qua materia universum, rei destinationem ab usufructuario servandam, sed servata destinatione posse frui eum aliis modis quam dominum, sic si dominus vestimenta commodato dabat, locare potest fructuarius ; ad modum enim referendum non ad qualitatem utendi. Silvam cæduam, etiam si intempestive cæsa sit, in fructu esse constat, sicut olea immatura lecta; item fœnum immaturum cæsum in fructu est.

XII. Quidquid obvenit ex re sua, aut ex operis servi fructuario pertinet. Cætera omnia domino adquirere servus præsumitur, nam certis modis fructuarius, omnibus vero proprietarius adquirit et ex quacumque causa.

XIII. Nudus dominus numquam facere cogi debet, sed solummodo non nocere, et ideo arbores ex tollere obligatur, et hoc non est facere. Pensiones domorum de die in diem adquiruntur, sed rusticorum fructus prædium non fructuario pertinent, nisi perstante usufructu collecti fuerint. Usufructuarius velut emptor conductorem expellere potest ; fructus qui ex conductione antecedenti obveniunt, heredi, vel venditori, pertinent ; sed possunt in emptione, aut constitutione ususfructus comprehendi, et tunc non licet fructuario emptorive conductorem expellere.

FIN.